맞춤법만 지켰는데 최강 아이돌이 됨

맞춤법만 지켰는데 최강 아이돌이 됨

실수에서 배우는 맞춤법!
문해력 성장 동화

글 류미정
그림 미이
감수 강용철

ARTIST 글로윈 GLOWIN

'빛나다'라는 뜻의 '글로우(Glow)'와 '성장하다'라는 뜻의 '그로윈(Growin)'를 합쳐 만든 이름이다. 멤버들이 각자의 매력을 빛내며 팬들과 함께 성장한다는 의미를 담고 있다.

FANCLUB 시루떡

팬클럽명 '시루떡'은 세 가지 의미를 담고 있다. 첫째, 주요 멤버인 시안과 루현의 이름에서 '시'와 '루'를 따왔다. 둘째, 시루떡의 팥고물이 악귀를 쫓듯 글로윈을 향한 악플을 물리친다는 뜻이다. 셋째, 달콤하고 쫄깃한 시루떡처럼 글로윈과 끈끈한 사랑을 나누겠다는 의지를 담았다.

시루떡 1기

채원 (13세)
맞춤법에 유독 예민해서, 글로윈이
맞춤법을 틀리면 마음이 불편하다.
글로윈이 최강 아이돌이 되기를
간절히 바라고 있다.
가장 좋아하는 멤버는 시안이다.

시루떡 1기

다빈 (13세)
채원과 함께 글로윈을 좋아하고
있다. 아이돌은 춤과 노래만
잘하면 된다고 생각하기 때문에,
맞춤법까지 신경 쓰는 채원을
이해하지 못한다.

차례

⭐ 프롤로그 ··· 10

1화 무대에 서려면 기본부터! 꼭 알아야 하는 맞춤법

- ⭐ 시안이 뭘 낳았다고? | 낫다와 낳다 ··· 14
- ⭐ 헛소문에 빠진 글로윈 | 숟가락과 숫가락 ··· 20
- ⭐ 설거지 당번 정하기 | 며칠과 몇 일 ··· 26
- ⭐ 실수 대잔치 첫 녹화 | 어떻게와 어떡해 ··· 32
- ⭐ 실수해도 괜찮아 | 원숭이도 나무에서 떨어진다 ··· 38
- ⭐ 도전! 맞춤법 엔딩 요정 ··· 44

2화 그냥 썼다간 흑역사! 헷갈리는 맞춤법

- ⭐ 틀렸으면 일단 웃어! | 가르치다와 가리키다 ··· 46
- ⭐ 긴급! 라이브 방송 | 창피하다와 챙피하다 ··· 53
- ⭐ 절망의 광고 촬영 | 깨끗이와 깨끗히 ··· 58
- ⭐ 시루떡의 마음을 잡아라 | 되다와 돼다 ··· 64
- ⭐ 포기하지 않는 마음 | 열 번 찍어 안 넘어가는 나무 없다 ··· 70
- ⭐ 도전! 맞춤법 엔딩 요정 ··· 76

3화 이것만 알면 걱정 끝! 가장 어려운 맞춤법

- ★ 고마운 마음을 전할 때 | 빌려와 빌어 ··· 78
- ★ 시루떡도 한계야 | -로서와 -로써 ··· 83
- ★ 글로다이와의 한판 승부 | 왠지와 웬지 ··· 88
- ★ 채원이 덕분에 살았어 | 여위다와 여의다 ··· 93
- ★ 뽀뽀를 하라고요? | 입을 맞추다 ··· 99
- ★ 도전! 맞춤법 엔딩 요정 ··· 104

4화 글로벌 스타 완성! 한자어와 외래어

- ★ 채원이가 시안이의 여자친구? | 성수기와 성숙이 ··· 106
- ★ 진심이 담긴 편지의 힘 | 출연과 출현 ··· 112
- ★ 끝은 곧 새로운 시작 | 앙코르와 앵콜 ··· 118
- ★ 위기를 기회로! | 전화위복 ··· 124
- ★ 글로윈과 시루떡, 함께라서 더 빛나 | 바자회 ··· 129
- ★ 도전! 맞춤법 엔딩 요정 ··· 136

★ 에필로그   ··· 138

1화
무대에 서려면 기본부터!
꼭 알아야 하는 맞춤법

시안이 뭘 낳았다고?

낫다와 낳다

글로윈의 숙소가 오늘따라 유난히 조용하다.

"이거 참 거시기하네잉……."

시안이가 지독한 감기에 걸렸다. 데뷔 후 첫 무대를 앞두고 너무 긴장한 탓이었다. 시안이는 졸지에 숙소에서 격리 생활을 하게 되었다.

"시안이 형, 괜찮아?"

히로토가 시안의 방문을 두드리며 안부를 물었다.

"콜록콜록. 거시기하니께 그만 물어."

"형이 거시기하다고 한 거 봉께 괜찮구먼. 히히."

히로토가 시안이의 사투리를 따라 하며 웃었다.

저렇게 며칠만 지나면 금방 자리를 털고 일어날 거다.

"다음 방송은 할 수 있겠지?"

"당연하지. 시안이 형이 거시기 하다고 했잖아. 그럼 거시기한 거야."

루현이의 말에 유성이가 웃으며 말을 보탰다.

"아이돌에게 건강 관리는 필수야. 이제 곧 데뷔하는 햇병아리가 감기 몸살로 방송 취소라니……."

매니저는 걱정스럽게 한숨을 쉬었다. 두 번 다시 듣지 말아야 할 소리였다.

이틀 뒤, 몸이 한결 나아진 시안이는 동생들을 깨웠다.

"좋은 아침!"

"형, 이제 괜찮아? 보고 싶었어~."

히로토가 시안이에게 친근하게 매달리며 말했다.

스케줄에 나서기 전, 시안이는 팬클럽 앱인 '유버스'에 건강을 회복했다는 글을 올리기로 했다.

"사진도 같이 올리면 다들 좋아하겠지? 브이~."

잠시 후, 시안이의 글은 시루떡의 댓글로 들썩이기 시작했다.

"시안! 네가 엄마야? 낳긴 뭘 낳아?"

매니저가 시안이를 불러 호통을 쳤다. 다른 멤버들은 '올 게 왔군' 하는 얼굴로 방 안으로 사라졌고, 히로토만 멍하니 시안이를 바라봤다.

"시안이 형이 엄마라니, 무슨 소리야?"

히로토는 고개를 갸웃하며 휴대폰을 켰다. 시안이가 올린 글이 떠 있었다.

"형! **낳다**는 아기를 낳을 때처럼 무언가를 생기게 한다는 뜻이잖아. 병이 좋아졌다는 뜻에는 **낫다**라고 해야 돼."

"앗…… 내가 일본인한테 우리말을 배우다니!"

시안이는 히로토의 말에 감기가 다시 도지는 것 같았다.

그때 띠링- 하고 댓글 알림이 울렸다.

  글로원맞춤법요정채원
시루떡은 글로원을 있게 해 준 부모님 같은 존재잖아요. 그 고마운 마음을 담아 '낳다'라고 표현한 거 아닐까요?♡

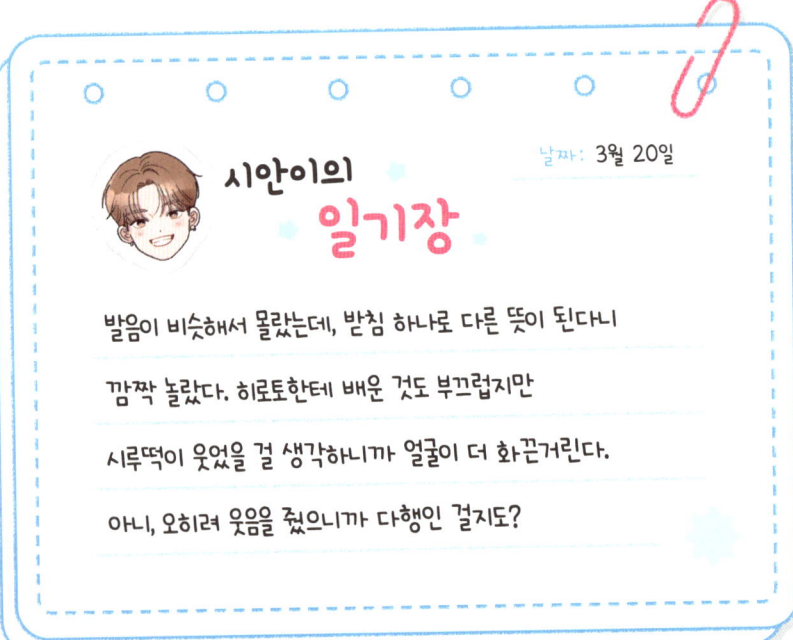

시안이의 일기장

날짜: 3월 20일

발음이 비슷해서 몰랐는데, 받침 하나로 다른 뜻이 된다니 깜짝 놀랐다. 히로토한테 배운 것도 부끄럽지만 시루떡이 웃었을 걸 생각하니까 얼굴이 더 화끈거린다. 아니, 오히려 웃음을 줬으니까 다행인 걸지도?

채원이가 알려주는 오늘의 맞춤법

시안이는 낫다와 낳다의 발음이 비슷해서 같은 동사*라고 생각했어요.
발음이 같거나 비슷해 자주 헷갈리는 다른 동사들도 함께 알아볼까요?

* 동사: 사람이나 사물의 동작이나 작용, 움직임을 나타내는 말

⭐ 낫다 vs 낳다

* 낫다 [낟ː따] : 병이나 상처가 고쳐져 건강해지다.
  → 무릎을 다쳤는데 며칠 지나니까 상처가 다 나아서 안 아파.
* 낳다 [나ː타] : 아이나 새끼를 출산하다.
  → 옆집 강아지가 새끼를 낳아서 보고 왔어.

⭐ 잊다 vs 잇다

* 잊다 [읻따] : 한번 알았던 것을 기억하지 못하거나 기억해 내지 못하다.
  → 가장 친한 친구의 생일을 깜빡 잊었어.
* 잇다 [읻ː따] : 끊어진 것을 붙이거나 끊어지지 않게 계속하다.
  → 끊어진 목걸이를 이어서 다시 쓸 수 있게 됐어.

⭐ 짖다 vs 짓다

* 짖다 [짇따] : 개가 목청으로 소리를 내다.
  → 우리 집 강아지가 큰소리로 짖어서 사람들이 모두 쳐다봤어.
* 짓다 [짇ː따] : 무엇을 만들거나 표현하다.
  → 친구들끼리 서로 귀여운 별명을 지어서 부르고 있어.

⭐ 맞다 vs 맡다

* 맞다 [맏따] : ① 문제에 대한 답을 틀리지 않다.
              ② 어떤 대상이 누구의 것임이 틀리지 않다.
  → ① 내가 쓴 답이 꼭 맞았으면 좋겠어. | ② 이 안경, 그 친구 것이 맞는 것 같아.
* 맡다 [맏따] : ① 어떤 일에 책임을 지다.
              ② 자리나 물건을 보관하거나 차지하다.
  → ① 이번 청소 당번은 내가 맡을게. | ② 도서실에 미리 자리 맡아 놨어.

1화
무대에 서려면 기본부터!
꼭 알아야 하는 맞춤법

헛소문에 빠진 글로윈

숟가락과 숫가락

다빈이와 채원이는 서로 얼굴을 찡그리며 열을 올렸다.

"아이돌이 춤이랑 노래만 잘하면 됐지, 무슨 맞춤법까지 지적하고 난리야? 너 때문에 더 웃긴 꼴이 됐잖아."

"쳇, 내가 나서서 지금 글로윈이 살아 있는 거야."

"네가 의사야? 살리긴 뭘 살려?"

다빈이의 핀잔에 채원이는 입술을 삐쭉이며 말했다.

"거창한 걸 하자는 게 아니야. 그냥 글로윈이 맞춤법을 잘 지킬 수 있도록 조금 도와주자는 거지. 넌 다 된 밥상에

숟가락만 올려 주면 된다니까?"

다빈이는 시큰둥했다. 그러자 채원이는 가방 속을 뒤적이더니 수저통을 꺼내 들며 말했다.

"너 이게 뭔지 알아?"

"날 바보로 아는 것도 아니고, 무슨 그런 질문을 해?"

"그러니까, '수' 밑에 들어가는 받침이 뭔지 아냐는 말이야."

훅 들어오는 질문에 다빈이는 순간 멈칫했다. 틀리면 이건 집안 망신이다.

"나는 젓가락질이 서툴러서 **숫가락**으로만 밥 먹거든. 정답은 시옷이야."

"땡! 정답은 디귿이야. 숟가락!"

땡 소리에 다빈이는 정신이 번쩍 들었다.

"뭐, 정말이야? 나 이제부터 젓가락으로만 밥 먹을래."

다빈이는 얼굴이 후끈거렸다. 맞춤법이 뭐가 중요할까 했는데, 막상 틀려 보니 부끄러웠다.

"어때? 이제 글로원 오빠들이 맞춤법 때문에 망신당하게 두고 볼 수는 없겠지?"

채원이 말에 다빈이가 고개를 격하게 끄덕였다. 하지만 곧 다빈이의 얼굴이 굳었다. 그 표정을 본 채원이는 뭔가 수상하다고 생각했다. 채원이가 따져 묻자, 다빈이는 잠시 망설이다 입을 열었다.

"우리 이모가 방송국 피디인 건 알지?"

"알지. 왜? 이모가 뭐라셔? 뭐, 안좋은 얘기라도 들은 거야?"

궁금함에 질문을 쏟아내던 채원이는 입을 다물었다. 다빈이의 눈빛이 예사롭지 않았기 때문이었다.

"이번 맞춤법 사건 이후로 방송국에 이상한 소문이 돌고 있대. 글로윈 3대 소문이라나?"

"들을 필요도 없는 헛소문이야. 인기쟁이한테는 늘 소문이 따라다니는 법이지."

"완전 근거 없는 소문은 아닌 것 같다니까."

"도대체 무슨 소문인데 그래?"

"첫 번째, 글로윈은 받아쓰기 빵점만 모였다. 두 번째, 살면서 책이라고는 읽어 본 적이 없다. 그리고 세 번째는……."

"그만! 그게 무슨 말도 안 되는 소리야?"

"내가 그랬잖아. 이상한 소문이라고."

"헛소문의 받침이 시옷인지 디귿인지도 모르는 무식쟁이들이 퍼뜨린 헛소문이야."

채원이는 믿고 싶지 않아 발을 동동 굴렀다. 하지만 완전히 말이 안 되는 이야기도 아니었다. 그래도 글로윈 이름이 그런 소문에 오르내리는 건 정말 싫었다.

그런데 그때, 다빈이의 눈빛이 심하게 흔들렸다. 채원이는 다빈이에게 물었다.

"너, 설마 헛소문의 받침이 디귿이라고 생각했던 건 아니지?"

"뭐, 뭐라고? 날 뭘로 보고……."

다빈이는 사실 디귿이라고 생각했다. 그런데 채원이의 반응을 보니 아무래도 틀린 것 같았다. 얼떨결에 아는 척했지만 마음은 불안했다.

"하하, 갑자기 배가 아프네. 화, 화장실 좀 다녀올게."

"잠깐! 그럼 디귿 아니고 뭔데?"

"아이 참, 나 화장실 급하다니까!"

채원이가 알려주는 오늘의 맞춤법

다빈이는 숟가락과 헛소문의 받침이 시옷인지 디귿인지 정확히 알지 못했어요.
이번에는 받침을 틀리기 쉬운 명사*와 올바른 표기를 함께 알아볼까요?

* 명사: 사람이나 사물의 이름을 나타내는 말

⭐ 존댓말 - 틀린 표기: 존대말, 존댐말, 존댄말 등
사람이나 사물을 높여서 말할 때 쓰는 말
→ 선생님께는 항상 존댓말을 써야 해.

⭐ 오랜만 - 틀린 표기: 오랫만, 오램만, 오래만 등
'오래간만'의 준말. 아주 오래 지난 뒤
→ 전학 간 친구를 오랜만에 만나서 반가웠어.

⭐ 머리맡 - 틀린 표기: 머리맏, 머리맞, 머리맛 등
누웠을 때 머리를 두는 쪽. 베개가 있는 곳 근처
→ 잠들기 전에 책을 머리맡에 두었어.

⭐ 낱알 - 틀린 표기: 낟알, 낫알, 낮알 등
곡식이나 과일의 알 하나하나
→ 옥수수 낱알을 하나씩 세어 보았어.

⭐ 돛단배 - 틀린 표기: 돗단배, 돚단배, 도딴배 등
바람을 받아 움직이도록 넓은 천을 대에 높게 펼쳐 매단 배
→ 바닷가에서 돛단배가 바람을 타고 떠다녔어.

⭐ 벚꽃 - 틀린 표기: 벗꽃, 벋꽃 등
봄에 피는 흰색 또는 연한 분홍색의 꽃
→ 거리에 벚꽃이 활짝 피었어.

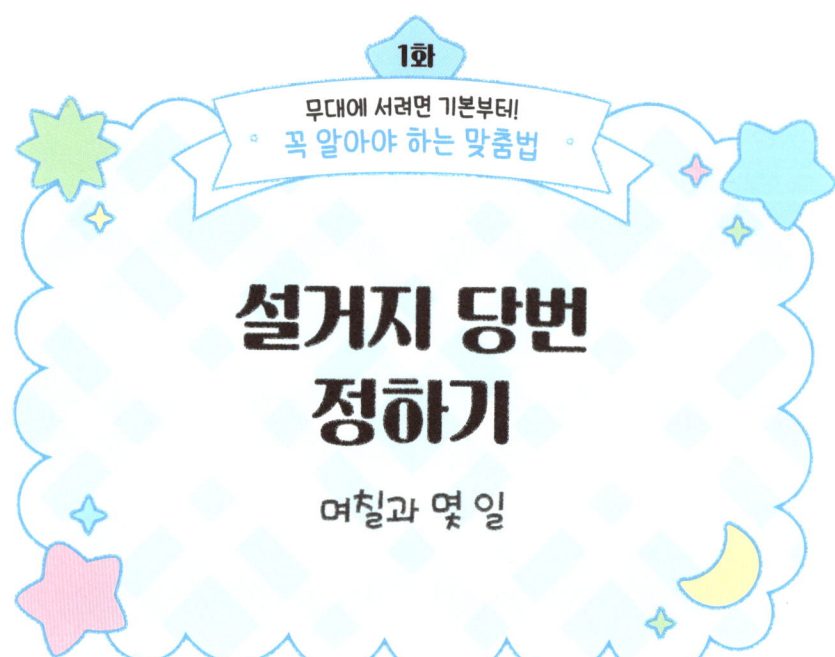

글로윈의 헛소문이 무르익던 어느 날, 숙소에서는 오랜만에 삼겹살 파티가 열렸다.

"아~ 더는 못 먹어!"

시안이는 배를 통통 두드리며 방으로 들어갔다.

"벌써? 아직 고기 남았는데!"

"우린 다 먹었으니까 마지막까지 먹는 사람이 치워."

제민이와 히로토도 막 자리에서 일어서려는데, 그때 유성이가 삼겹살을 우물우물 씹던 입으로 소리쳤다.

"먹는 사람 따로 있고, 치우는 사람 따로 있냐?"

"그래. 이참에 숙소 당번이랑 생활 규칙 좀 정하자."

억울해하는 유성이와 리더 루현이의 주도 아래, 숙소 생활 규칙 정하기가 시작되었다.

글로원 숙소 생활 규칙

1. **설겆이** - **몇 일**마다 돌아가면서?
2. 빨래 - 각자? 아니면 같이?
3. 요리 - 누가 제일 잘 해?

✮ 밤 12시 이후에는 조용히 하기 ✮

루현이는 함께 정할 규칙들을 적다가 고개를 갸웃했다.

"그런데 **설겆이**가 맞나? 갑자기 헷갈리네."

유성이도 덩달아 갸웃했다.

"잠깐만, 나도 헷갈리네. **몇 일**도 맞는 거야?"

그때 딩동- 초인종이 울렸다. 시안이가 인터폰으로 달려가 화면을 확인하니, 낯익은 얼굴이 보였다.

"어, 피디님!"

글로윈을 만든 장본인, 장수연 피디였다. 장수연은 신발을 벗고 들어와 숙소를 둘러보았다.

"잘 지냈니? 오디션 프로그램 끝나고 나서 처음 보네."

"저희가 먼저 찾아뵈어야 했는데 죄송해요."

"나한테 죄송할 건 없고, 죄송한 마음은 팬들한테 가져야지."

"네? 팬들한테요?"

시안이가 화들짝 놀라자, 장수연은 식탁 위에 놓인 생활 규칙 종이를 가리키며 말했다.

"그래. 지금처럼 맞춤법을 자꾸 틀린다면 말이야."

'맞춤법'이라는 말에 멤버들의 표정이 일그러졌다.

"내가 도와주러 온 거니, 인상 좀 펴! 너희는 한국어 시험 만점자에게 맞춤법 과외를 받을 기회를 얻은 거야."

"오! 대단하세요!"

한글 사랑 히로토는 엄지손가락을 세워 장수연에게 존

경의 눈빛을 보냈다. 하지만 시안이에게는 달갑지만은 않은 손님이었다.

"안무 연습 때문에 바빠 죽겠는데, 맞춤법 공부라니!"

시안이가 투덜거리자 제민이까지 거들었다.

"글로벌 스타가 될 우리가 한국어를 배워야 한다고? 영어, 중국어를 배워도 모자랄 판 아닌가?"

둘의 투덜거림은 장수연의 귀에도 들어갔다.

"한국 아이돌이 한글도 제대로 못 쓰면 그게 더 부끄러운 거 아니야?"

장수연이 팔짱을 끼고 한마디를 덧붙였다.

"이건 진짜 사적인 건데…… 내 조카가 너희들 완전 팬이야. 시! 루! 떡!"

장수연은 일부러 시루떡을 강조했다. 그 말에 글로원 멤버들은 정신이 바짝 들었다. 맞춤법 수업을 제대로 받지 않으면 팬들 앞에서 또 망신을 당할 수도 있다.

멤버들은 어쩔 수 없다는 듯 자리에 앉았다.

수업이 시작되었다. 장수연은 루현이가 적은 글로원 숙소 생활 규칙 종이를 꺼내 들었다.

> ## 글로원 숙소 생활 규칙
> ~~설겆이~~ 설거지 ~~며칠~~
> 1. ~~설겆이~~ - ~~몇 일~~마다 돌아가면서?

그러고는 **설겆이**를 **설거지**로 고쳐 주었다.

"옛날에는 설겆이라고 썼지만, 지금은 발음이 나는 그대로 설거지라고 적는 게 정답이야."

"어쩐지 헷갈리더라고요."

루현이는 민망한 듯 머리를 긁적였다.

장수연은 이어서 **몇 일**을 **며칠**로 고쳐 적었다.

"날짜를 이를 때는 항상 며칠이라고 써야 해. '며칠마다', '며칠 동안'처럼 말이야. 또 '몇 월 몇 일'이 아니라 '몇 월 며칠'이 맞다는 점도 기억해! 국어에서 몇 일이라고 적는 경우는 없어."

장수연의 설명에 시안이가 앓은 소리를 냈다.

"아, 산 넘어 산이구나! 맞춤법의 길은 멀고도 험하네."

채원이가 알려주는 오늘의 맞춤법

루현이는 며칠을 몇 일로, 설거지를 설겆이로 잘못 알고 있었어요.
발음이나 형태 때문에 자주 헷갈리기 쉬운 어휘와 올바른 표기를 함께 알아보아요.

⭐ **깍두기** - 틀린 표기: 깍뚜기, 깍둑이 등

무를 네모나게 썰어 양념에 버무려 만든 김치
→ 엄마가 담근 깍두기는 맵지 않고 정말 맛있어.

⭐ **겉절이** - 틀린 표기: 겉저리, 겉쩌리, 걷절이 등

배추나 상추를 소금에 절이지 않고 양념만 버무려 만든 김치
→ 오늘 저녁엔 배추겉절이와 수육을 만들어 먹자.

⭐ **이따가** - 틀린 표기: 있다가, 잇다가 등

지금으로부터 조금 지난 뒤에
→ 이따가 친구들과 놀이터에서 만나기로 했어.

⭐ **목걸이** - 틀린 표기: 목거리, 목고리 등

목에 거는 물건이나 장신구
→ 할머니가 조개껍데기로 예쁜 목걸이를 만들어 주셨어.

⭐ **도대체** - 틀린 표기: 도데체, 도대채 등

알지 못하거나 궁금하여 붙는 것인데
→ 도대체 준비물을 어디에 두었는지 기억이 안 나.

⭐ **굳이** - 틀린 표기: 구지, 궂이 등

꼭 그래야 할 필요는 없는데도 고집을 부려 구태여
→ 비가 오니까 굳이 따라 나올 필요 없어.

드디어 글로윈이 음악 방송에서 정식으로 데뷔하는 날이었다. 난생처음으로 해 보는 무대 녹화였다.

"푸르르~ 긴장해서 그런가? 입이 잘 안 풀리네."

시안이는 다른 팀 리허설을 보며 입술을 풀고 있었다. 그때 음향 감독이 시안이에게 무언가 물어보려고 말을 건넸다. 하지만 무대 소리가 너무 커서 잘 들리지 않았다. 시안이는 고개를 갸웃거리다가, 결국 쪽지에 무언가를 적어 비행기로 날려 보냈다.

어떡해 하라는 말씀이세요?
시끄러워서 잘 안 들려요.

음향 감독은 쪽지 비행기를 펼쳐 보더니 고개를 갸웃했다. 시안이는 감독의 표정이 마음에 걸렸다.

"왜 그러시지? 내가 너무 예의 없었나……"

리허설을 마친 글로윈은 첫 무대 녹화까지 무사히 해냈다. 시안이는 무대에서 내려오자마자 아까 쪽지를 보냈던 음향 감독을 찾아 사인 앨범에 메시지를 적어 건넸다.

음향 감독은 앨범을 받아 보더니 또 고개를 갸웃했다.

오늘 어떡해 해야 할지 걱정이 많았는데
도움 주셔서 감사합니다!

"저…… 시안 군, 시안 군을 생각해서 한마디 해도 될까요?"

다른 멤버들이 시안이를 슬쩍 쳐다봤다. 시안이는 무엇인지 모르겠지만 고개를 끄덕였다.

"네! 말씀해 주세요."

"아까 보낸 쪽지에서도 그렇더니, 지금 사인 앨범에서도 맞춤법이 틀렸네요."

'앗, 그래서 표정이 안 좋으셨던 거구나.'

음향 감독의 말에 시안이는 뜨끔했다.

"제가 뭘 틀렸는지 알려 주실 수 있을까요?"

"**어떻게**는 방법을 물어볼 때 쓰는 거예요. **어떡해**는 '어떻게 해'가 줄어든 말이고요. 그러니 시안 군의 쪽지에서는 '어떻게 하라는', 사인 앨범에서는 '어떻게 해야 할지'라고 적는 게 맞아요."

시안이는 녹화장에서도 맞춤법 지적을 받으리라고 상상도 하지 못했다. 얼굴이 화끈거렸지만 친절히 설명해 준 음향 감독에게 감사 인사를 전했다.

"알려 주셔서 감사합니다! 다시 써 드릴게요."

시안이의 머릿속에 '어떻게' 글자가 선명하게 새겨졌다.

이후 시안이는 다른 스태프들에게도 맞춤법에 신경 써서 메시지를 정확히 적으려 노력했다.

"시안 군! 글씨체도 예쁘고 맞춤법도 완벽하네요!"

시안의 사인 앨범을 받은 한 스태프가 시안이를 칭찬했다. 칭찬 한마디에 긴장이 스르르 풀린 시안이는 음향 감독을 바라보며 미소를 지었다.

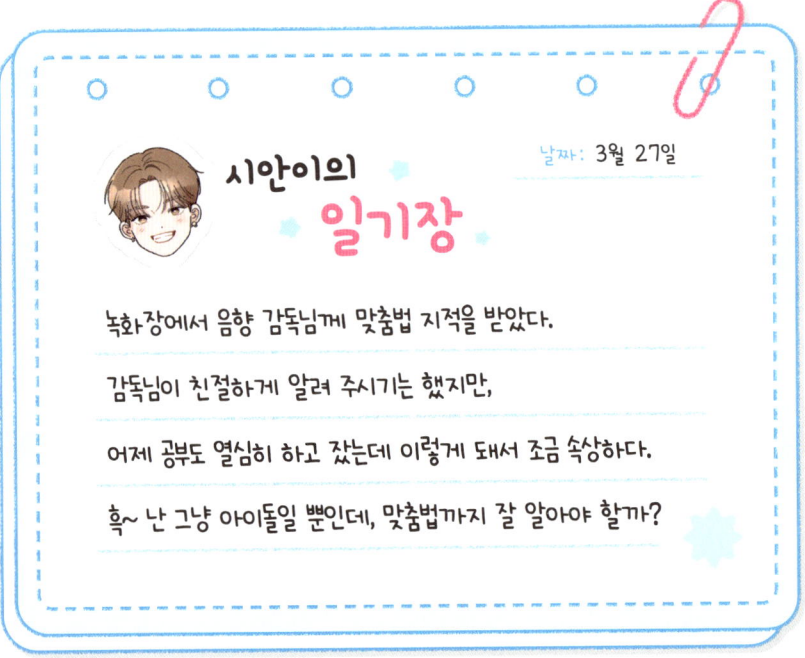

채원이가 알려주는 오늘의 맞춤법

시안이는 어떡해가 어떻게 해를 줄인 말이라, 뒤에 또 다른 동사가 올 수 없다는 걸 몰랐어요. 이처럼 줄임말 때문에 헷갈리는 표현을 함께 살펴볼까요?

⭐ -거야/-거예요 vs -꺼야/-꺼에요

★ -거야/-거예요 : '것이야', '것이에요'를 줄인 올바른 말
→ 저 필통은 누구 거야? | 저기 있는 귀여운 토끼 인형은 제 거예요.

★ -꺼야/-꺼에요 : '-거야', '-거예요'의 잘못된 표기

⭐ -대 vs -데

★ -대 : "-다고 해"를 줄인 말. 다른 사람이 한 말을 전달할 때 쓴다.
→ 엄마가 오늘 피자 시켜 준대! (=시켜 준다고 해)

★ -데 : 장소나 경우를 나타내거나 '-는데'처럼 상황을 설명할 때 쓴다.
→ 우리가 만날 데*가 어디지? | 밥 먹고 있는데 전화가 왔어.

★ 장소나 경우를 나타낼 땐 띄어 써요!

⭐ 안 vs 않

★ 안 : 부정을 나타내는 말. 동작을 나타내는 동사와 성질이나 상태를 나타내는 형용사 앞에 띄어서 쓴다.
→ 오늘은 학원 안 가도 돼.

★ 않 : '-지 않아'라는 형태로만 쓰며, 혼자서는 쓸 수 없다.
→ 오늘은 학원에 가지 않을 거야.

★ 동사 앞에 쓰면 '안 가다', '안 먹다'처럼 '안'을 써요!
★ 동사 뒤에 '-지'와 함께 쓰면 '가지 않다', '먹지 않다'처럼 '않'을 써요!

1화
무대에 서려면 기본부터!
꼭 알아야 하는 맞춤법

실수해도 괜찮아

원숭이도 나무에서 떨어진다

첫 녹화는 큰 탈 없이 마쳤지만, 안타깝게도 글로윈의 수난 시대는 계속되었다.

"시안! 어떻게 스케줄마다 맞춤법 실수가 나와? 너희도 다 마찬가지야!"

대표는 호통을 치고는 곧바로 자리를 떠났다.

글로윈 멤버들은 말없이 앉아 있었다. 냉랭한 분위기가 어색했는지, 제민이가 침을 꿀꺽 삼키며 입을 뗐다.

"우리 오디션 때 기억나? 내가 무대 위에서 가사를 전부 까먹는 바람에 나무토막처럼 굳어 버렸잖아."

"기억나지! 그때만 생각하면 등골이 오싹오싹~."

유성이가 몸을 부르르 떨며 말했다. 그 모습에 시안이가 피식 웃었다. 자신의 실수 때문에 얼어붙은 분위기를 깨 주려는 동생들의 마음이 고마웠다.

"그때 심사 위원님이 나한테 **원숭이도 나무에서 떨어진다**지만, 제민이는 무대에서 너무 자주 떨어진다면서 오디션에서 탈락시키셨던 게 아직도 생생해."

"원숭이도 나무에서 떨어진다? 무슨 뜻이야, 형?"

"아무리 잘하는 사람이라도 가끔은 실수할 수 있다는 뜻이야."

제민이는 시안이를 보며 살짝 미소를 지었다.

"시안이 형, 알지? 내가 형 덕분에 글로윈이 될 수 있었잖아."

"내가 뭘? 네가 실력이 좋아서 기회를 얻은 거지."

"패자 부활전에서 다시 올라왔을 때 피디님이 말씀해 주셨어. 형이 내가 꼭 다시 올라올 거라 믿었다면서? 기뻐서 눈물까지 흘렸다고 하던데……."

"뭐? 시안이 형이 울었다고?"

다른 멤버들은 모두 처음 듣는 이야기였다.

"흠흠, 제민이 같은 원숭이라면 나무에서 떨어져도 금방 다시 올라 노래도 부를 수 있을 거라고 했다나?"

"내, 내가 그랬나? 글쎄, 기억이……."

시안이는 부끄러워서 기억나지 않는 척했다.

"푸핫! 시안이가 그런 말을 했다니, 말도 안 돼."

루현이는 시안이의 의외의 모습에 웃음이 터졌다.

"제민이가 노래로는 대한민국 최강이긴 하지!"

"인정! 이렇게 잘 부르는 사람은 일본에서도 못 봤어."

유성이와 히로토도 맞장구를 쳤다.

"아무튼 형이 믿어 줘서 돌아올 수 있었어. 시안이 형이 있기에 내가 있고, 글로윈도 있는 거야."

제민이는 시안이를 향한 고마운 마음을 담아 말했다. 시안이는 가슴이 뭉클해졌다.

"제민아……."

"그러니까 그깟 실수로 **코가 납작해질** 필요 없어. 맞춤법이야 배우면 되지!"

그 말에 힘을 얻은 시안이는 고개를 들어 멤버들을 바라보았다.

"겨우 몇 번의 실수로 글로윈이 무너질 리는 없잖아. 비 온 뒤에 땅이 굳듯이, 우리도 지금보다 훨씬 잘할 수 있을 거야. 얘들아, 고맙다."

루현이도 시안이의 말에 힘을 보탰다.

"나도 리더로서 부끄럽지 않은 모습 보일게. 같이 노력하자!"

"글로윈, 아자아자 파이팅!"

채원이가 알려주는 오늘의 표현

시안이가 맞춤법 실수 때문에 혼나자,
제민이는 자신의 오디션 실수를 떠올리며 분위기를 밝혀 주었어요.
원숭이도 나무에서 떨어진다처럼, 실수나 실패를 담은 표현을 알아볼까요?

⭐ 등잔 밑이 어둡다
가까이 있는 것을 잘 보지 못하고 실수하다.
→ 휴대폰을 찾느라 온 집을 뒤졌는데, 내 주머니에 있었어. 등잔 밑이 어둡다!

⭐ 두부 먹다 이 빠진다
아주 쉬운 일도 조심하지 않으면 실수할 수 있다.
→ 구구단도 틀리다니! 두부 먹다 이 빠진 격이네.

⭐ 비 온 뒤에 땅이 굳는다.
실패나 시련이 끝난 뒤에 오히려 더 강해지다.
→ 지난 시험은 망쳤지만 비 온 뒤 땅이 굳는 것처럼 이번 시험에선 100점을 받았어.

⭐ 코가 납작해지다
매우 부끄럽고 창피한 일을 당하다.
→ 달리기에서 1등 할 줄 알았는데 꼴찌해서 코가 납작해졌어.

⭐ 벽에 부딪히다
어려움에 맞닿아 앞으로 나아가지 못하다.
→ 수학 문제를 계속 풀어도 답이 안 나와서 벽에 부딪힌 기분이야.

⭐ 과유불급 (過 지날 과 猶 오히려 유 不 아닐 불 及 미칠 급)
어떤 일이든 지나치면 부족한 것보다 나쁘다.
→ 좋아하는 사탕을 한꺼번에 너무 많이 먹으면 배만 아프니까 과유불급이야.

도전! 맞춤법 엔딩 요정

1. 다음 중 동사를 바르게 쓴 문장을 찾아보세요.

   ① 이번 주 청소 구역을 정했는데, 저는 교실 창문 닦기를 <u>맞았어요</u>.
   ② 짐이 많아서 짐 보관소에 <u>맡기기</u>로 했어요.
   ③ 아빠는 지금 강아지 집을 <u>짖고</u> 계세요.
   ④ 숙제를 꼭 해 오라고 하셨는데, 깜빡 <u>잇고</u> 놀기만 했어요.

2. 뜻과 맞는 표현을 찾아서 연결해 보세요.

   ① 아주 쉬운 일도 조심하지 않으면 실수할 수 있다.　　㉠ 비 온 뒤에 땅이 굳는다.

   ② 매우 부끄럽고 창피한 일을 당하다.　　㉡ 두부 먹다 이 빠진다.

   ③ 실패나 시련이 끝난 뒤에 오히려 더 강해지다.　　㉢ 코가 납작해지다.

3. 밑줄 친 낱말을 바르게 고쳐 써 보세요.

   ★ **있다가** 학교 끝나고 전화할게. ➡

   ★ 제가 쓴 그릇은 직접 **설겆이** 할게요. ➡

4. 채원이와 다빈이가 나누는 이야기를 읽고, 알맞은 말을 골라 빈칸을 채워 보세요.

다빈

채원아! 글로윈 새 앨범이 며칠 / 몇 일 뒤에 나온다는 소문 들었어?

진짜? 확실한 거야? 그 소문이 제발 헛소문 / 헛소문 이 아니었으면 좋겠다!

채원

다빈

확실해! 조금 전에 뉴스 기사에서 봤거든. 설레서 어떻게 / 어떡해 해야 할지 모르겠어!

나도 너무 기대돼! 뮤직비디오도 엄청 예쁘겠지? 곧 봄이니까 벗꽃 / 벚꽃 배경이 나오면 좋겠어.

채원

다빈

그날은 분명 심장이 터져서 숙제도 못 할 거야. 아니, 그냥 않 / 안 할래! ㅋㅋㅋㅋㅋ

2화
그냥 썼다간 흑역사! 헷갈리는 맞춤법

틀렸으면 일단 웃어!
가르치다와 가리키다

히로토가 〈우리말 겨루기〉 외국인 특집 방송에 나오게 되었다. 글로윈의 한글 선생님이자 방송국 피디인 장수연이 새로 맡게 된 프로그램이었다.

생방송 당일, 글로윈 멤버들은 스튜디오 객석에 앉아 직접 만든 응원 플래카드를 흔들었다.

히로토 우승 가자!

빨리 마치자!

이를 본 사회자가 호탕하게 웃으며 말했다.

"글로윈, 오늘 촬영을 빨리 끝내고 싶다는 뜻인가요? 이거 서운한데요~."

"무슨 말씀이세요? 오늘 스케줄을 얼마나 기대했는데……."

시안이는 사회자의 질문을 이해하지 못해 고개를 갸우뚱하며 물었다.

"빨리 **마치자**길래 급한 일이 있나 했죠. 아, 그게 아니라 문제를 빨리 **맞히자**는 뜻이었을까요?"

카메라 감독이 객석에 있는 글로윈을 향해 카메라를 돌렸다.

"마…… 맞습니다!"

유성이는 대답을 마치자마자 시안이에게 속삭였다.

"시안이 형, 내가 그냥 '히로토 파이팅!'만 쓰자고 했잖아."

"조용히 해. 너도 몰랐잖아."

루현이는 손바닥으로 얼굴을 가리며 한숨을 쉬었다.

"한글 선생님이 우리 보고 뭐라고 하셨더라?"

"틀렸으면 일단 웃기라도 하라고 말씀하셨지."

멤버들은 하하하, 어색한 웃음을 터뜨렸다.

우리말 겨루기가 시작되었다. 히로토는 거침없이 문제를 풀어 나갔다. 사회자가 문제를 읽기도 전에 손을 들고 정답을 외쳤다.

"히로토! 정답은 '비추다' 입니다!"

"정답입니다!"

마지막 문제까지 정답을 맞힌 히로토는 당당히 우승을 차지했다. 히로토가 두 팔을 높이 뻗으며 '대한민국 만세'를 외치자 객석에서는 웃음이 터져 나왔다.

"일본 국적의 히로토 군이 대한민국 만세를 외치니까 느낌이 새롭네요. 자, 그럼 마지막으로 시안 군이 대표로 히로토 군에게 축하 인사를 전해 줄까요?"

사회자의 말에 시안이가 마이크를 잡았다. 아까의 실수를 만회하려는 듯 활짝 미소를 지어 보였다.

"히로토가 우승한 건, 한글을 누구보다 좋아했기 때문입니다. 그런 히로토를 위해 저희 멤버들은 열심히 한글을 **가리켰습니다**."

그 순간, 스튜디오가 싸늘하게 얼어붙었다.

"하하, 멤버들이 히로토를 하루 종일 손가락으로 찍었다는 건 아니겠죠? 아마 시안 군이 가르쳤다는 말을 하고 싶었던 것 같네요."

사회자의 웃음이 마이크를 타고 퍼졌다. 관객들은 웃었고, 시안이의 표정은 굳었다.

"…… 어라? 무, 무슨 상황이지?"

제민이는 시안이를 향해 몸을 돌려 말했다.

"형, 가르치다는 모르는 걸 알려 줄 때 쓰는 말이고, 가리키다는 무언가를 손가락으로 짚어서 보여 줄 때 쓰는 말이야."

시안이는 제민이의 말이 끝났는데도 멍하니 서 있었다.

루현이가 시안이의 옆구리를 쿡 찔렀다.

"시안아, 지금 생방송으로 나가고 있잖아."

"이, 이, 일단 웃어! 하하하하!"

채원이가 알려주는 오늘의 맞춤법

시안이는 가르치다와 가리키다를 헷갈려 멤버들을 곤란하게 만들었어요.
글자 모양이 비슷해 혼동하기 쉬운 말을 함께 알아볼까요?

⭐ 맞히다 vs 마치다 vs 맞추다

* 맞히다 : 문제에 대한 답을 찾아내다.
  → 어려운 수학 문제를 모두 맞혀서 뿌듯했어.

* 마치다 : 하던 일이 끝나다.
  → 숙제를 모두 마치고 나서 유튜브를 볼 거야.

* 맞추다 : ① 서로 같게 하거나 알맞게 한다.
  　　　　② 열이나 차례에 맞게 하다.
  → ① 친구와 옷을 똑같이 맞춰 입기로 했어. ｜ ② 줄을 맞춰서 서자.

⭐ 늘이다 vs 늘리다

* 늘이다 : 길이를 전보다 더 길어지게 하다.
  → 새총에 달린 고무줄을 길게 늘였다가 놓았어.

* 늘리다 : 양을 전보다 더 많아지게 하다.
  → 방학 동안 책 읽는 시간을 늘리기로 했어.

⭐ 비치다 vs 비추다

* 비치다 : 빛이 환하게 나타나다.
  → 창문 너머로 따뜻한 햇살이 비쳤어.

* 비추다 : 빛을 어떤 곳에 향하게 하다.
  → 손전등으로 어두운 구석을 비춰서 지우개를 찾았어.

⭐ 쫓다 vs 좇다

* 쫓다 : 앞서가는 것을 뒤에서 따라가며 잡으려고 하다.
  → 도망가는 고양이를 쫓아서 골목까지 갔어.

* 좇다 : 어떤 목표나 이상, 행복을 따르다.
  → 화가라는 꿈을 좇아서 그림을 열심히 그리고 있어.

시안이의 말실수가 생방송으로 전국에 방영되었다.

글로윈의 시안, 맞춤법 실수만 벌써 몇 번째?

유튜브에는 시안이가 금붕어와 수영하는 AI 영상까지 올라왔다. 아이큐가 금붕어와 같다는 비아냥과 함께였다.

시안이는 멤버들을 볼 면목이 없었다. 팀 전체가 우울했다. 그러니 리더 루현이라도 움직여야 했다.

"이런 때일수록 우리가 직접 나서야 해. 우리끼리 라이브 방송을 해 보는 거 어때?"

"라이브 방송?"

"응, 시루떡이랑 좀 더 편한 모습으로 이야기해 보자!"

"그거 좋은데? 우리끼리라면 긴장도 덜 되고 실수도 안 할 거야."

유성이가 루현이의 말에 힘을 보탰다. 하지만 시안이는 아직 자신이 없었다.

"형! 자신감을 가져!"

히로토가 시안이를 부추기자, 마지못해 시안이도 고개를 끄덕였다.

다음 날, 채원이와 다빈이는 라이브 방송을 함께 보기로 했다. 카페에 앉아서 휴대폰에 이어폰을 꽂았다.

"오빠들의 첫 라이브 방송이라니!"

"히히, 이 시간만을 기다렸지."

"꺄아앗!"

멤버들의 모습이 보이자 채원이의 입에서 돌고래 소리가 터져 나왔다. 너무 좋아서 주변의 시선도 의식하지 못했다.

"저희 다섯이 모이면 접시 대신 여러분 심장이 쿵 하고 깨질지도 모르니 심장 조심하세요."

시안이의 재치 있는 멘트에 멤버들도 함께 웃었다.

러브유글로윈
그전에 맞춤법 망신살부터 깨야죠!

시안이가 채팅 창에 달린 댓글을 보고 멋쩍은 표정을 지었다.

"하하, 뭐든 좋아요. 오늘 제대로 깨 봅시다."

시안뿐인바보
망신살은 무슨!
맞춤법 틀린 것 정도는 애교죠!

옆에서 함께 수다를 떠는 것처럼 채팅 창은 쉴 새 없이 반짝였다. 시끌벅적 수다를 떨다 보니 한 시간이 훌쩍 지나 있었다.

"벌써 시간이 이렇게 되었네요. 글로윈의 첫 라이브 방송은 어땠나요?"

"으앙~ 한 시간이 1분처럼 금방 지나갔어!"

채원이와 다빈이는 글로윈의 작별 인사가 아쉬웠다.

"그땐 너무 **챙피혔는디**, 오늘 시루떡이랑 얘기할 기회가 생겨서 행복했다잉. 앞으로도 시루떡한티 챙피헌 아이돌이 안 되게끔 더 노력해야제!"

마음이 편해진 시안이는 카메라 앞인데도 자연스레 사투리가 나왔다.

그때, 채원이의 댓글이 채팅 창 화면에 떴다.

글로윈맞춤법요정채원
시안 오빠! 그런데 **챙피허다**가 아니라 **창피하다** 아니에요?

"하하, **창피하네요**. '챙피허다'라는 말은 사투리였어요!"

"여러분, 사투리는 이해해 줍시다! 시안이 형이 원래 사투리를 좀 많이 쓰잖아요~."

제민이가 분위기를 잘 살려 준 덕분에 글로윈은 웃음 속에서 라이브 방송을 마무리할 수 있었다.

채원이가 알려주는 오늘의 맞춤법

평소에 사투리를 쓰는 시안이는 창피하다를 챙피허다라고 말했어요. 이번에는 표준어와 방언*을 비교하며 어떤 차이가 있는지 알아볼까요?

* 방언: 특정 지역에서 쓰는 독특한 말씨나 어휘

★ 창피하다 vs 챙피허다
- 창피하다 : 부끄럽고 민망하다.
- 챙피허다 : '창피하다'의 방언(경남, 전북)
  → 친구들 앞에서 넘어져서 창피했어.

★ 꿰매다 vs 꼬매다
- 꿰매다 : 바늘과 실을 사용해서 깁거나 얽어매다.
- 꼬매다 : '꿰매다'의 방언(강원, 경기, 경상, 충북)
  → 엄마가 찢어진 바지를 꿰매 주셨어.

★ 시다 vs 새그럽다
- 시다 : 맛이 식초처럼 신맛을 내다.
- 새그럽다 : '시다'의 방언(경상, 충청)
  → 이 귤은 너무 셔.

★ 따뜻하다 vs 따시다
- 따뜻하다: 덥지 않은 정도로 온도가 알맞게 높다.
- 따시다: '따뜻하다'의 방언(강원, 경상, 전남)
  → 오늘은 날씨가 따뜻하네.

★ 얼른 vs 얼렁
- 얼른 : 시간을 끌지 않고 바로
- 얼렁 : '얼른'의 방언(경기, 경상, 전남, 충남)
  → 얼른 숙제를 끝내고 친구들과 놀러 가고 싶어.

화장품 광고 촬영이 있는 날이다.

"글로윈이 직접 써 보고 솔직한 소감을 말해 주세요."

이번 광고의 콘셉트는 대본이 없는 즉흥 촬영이다. 대본이 있었다면 그대로 읽으면 될 텐데, 제민이는 걱정이 앞섰다. 그렇다고 못 하겠다며 투정을 부릴 수도 없었다.

'느낀 그대로를 말하는 거야.'

제민이는 최대한 솔직하게 말하기로 결심했다.

시안이와 루현이는 자연스럽게 화장품을 써 본 소감을

만화로 만나는 위인들의 일대기
역사를 생생하게 **우리 영웅 시리즈**

무적 이순신
⑦ 지켜야 하는 것

"나를 알고 적을 알면
승리할 수 있어!"

**한국인이 가장 존경하는 영웅
이순신 장군의 일대기를 만화로 만나다!**

역사학자
이익주 교수님의
특급 감수

박지연, 박한 글 | 정수영 그림 | 이익주 감수

※ 본 도서의 종이책은 교보문고·예스24·알라딘, 전자책은 밀리의서재·리디북스에서 만나요!

스스로 생각하고 판단하는 힘을 길러주는 나를 지키는 괜찮은 생각

64쪽 | 15,900원
레이첼 브라이언 지음
노지양 옮김

"흥미진진한 온라인 세계에서 온전히 나를 지킬 수 있을까?"

1. 동의
레이첼 브라이언 지음
노지양 옮김

2. 걱정 덜어내는 책
레이첼 브라이언 지음
노지양 옮김

3. 가짜 뉴스
엘리즈 그라벨 지음
노지양 옮김

4. 철학 안경
스가하라 요시코 외 지음
오지은 옮김

5. 양자물리학으로 풍덩!
로베르트 뢰브 지음
유영미 옮김

6. 이건 불공평해!
아사타 프라우함머 지음
심연희 옮김

7. 스크린 타임
레이첼 브라이언 지음
노지양 옮김

8. 거짓말은 정말 나쁜 걸까?
요하네스 포크트 지음
펠리치타스 호르스트셰퍼 지음
유영미 옮김

- 서울대 교수진 강력 추천
- 어린이 철학교육연구소 선정도서
- 현직 초등교사 50인 평점 4.84
- 어린이 사전평가단 평점 4.94

※ 본 도서의 종이책은 교보문고·예스24·알라딘, 전자책은 밀리의서재·리디북스에서 만나요!

전세계를 사로잡은 어린이 판타지 이사도라 문

"있는 그대로의 내가 좋아!"
엄마는 요정, 아빠는 뱀파이어.
뱀파이어 요정 이사도라 문 등장!

20권 11월 출간 예정

해리엇 먼캐스터 글그림 | 심연희 옮김

※ 본 도서의 종이책은 교보문고·예스24·알라딘, 전자책은 밀리의서재·리디북스에서 만나요!

우주 탐험을 꿈꾸는 어린이 필독서 우주로 냐옹

외계 고양이 냐왕과 떠나는
★ 환상적인 우주 과학 여행 ★

〈달콤 짭짤 코파츄〉 다영 작가의
우주 과학 동화!
우주먼지 지웅배 박사 감수!

다영 글 | 웰코사클 그림 | 지웅배 감수

※ 본 도서의 종이책은 교보문고·예스24·알라딘, 전자책은 밀리의서재·리디북스에서 만나요!

슈퍼만렙 손오공의 실크로드 원정대 몽스터즈

서유기, 그 이상의 서유기!
모험이 시작되면 세계를 보는 눈이 열린다!

1권 출간

김언정 글 | 정수영 그림

- 고전 서유기의 깊이를 플러스!
- 동서양의 역사를 플러스!
- 실크로드의 자리를 플러스!
- 몽스터즈와 재미를 플러스!

야호! 새로운 모험이 드디어 시작됐구나! 몽스터즈 친구들의 실크로드 대모험을 마법천자문이 응원할게!!

마법천자문 손오공 추천도서

※ 본 도서의 종이책은 교보문고·예스24·알라딘, 전자책은 밀리의서재·리디북스에서 만나요!

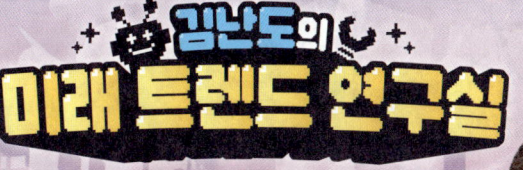

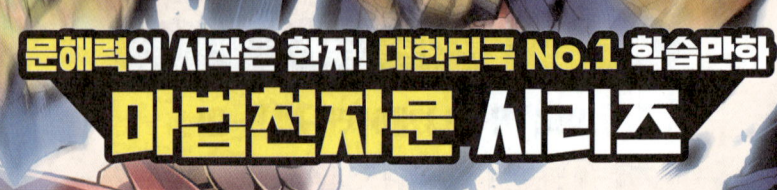

말했다. 감독은 만족스럽다는 듯 엄지손가락을 들어 보였다. 시안이와 루현이는 신나서 하이파이브를 했다.

이제 제민이의 차례다. 늘 다섯 명이 함께 섰던 카메라 앞에 혼자 섰다. 얼굴이 화끈거리고 심장은 벌렁거렸다. 제민이는 주먹을 불끈 쥐며 마음을 다잡았다.

"자, 준비됐으면 촬영 들어갑니다!"

"네, 시작할게요!"

카메라가 돌고 제민이는 화장품을 들었다.

"글로윈의 피부 비결은 바로 이 '별빛 촉촉 로션'이죠! 별빛 촉촉 로션을 매일 발랐더니 피부가 별빛처럼 반짝반짝 깨끗해졌어요."

"컷! 좋아요!"

감독의 만족스러운 외침에 제민이는 안도의 숨을 내쉬었다. 다른 멤버들도 박수를 쳐 주었다.

감독이 제민이에게 다가와서 말했다.

"제민 씨, 멘트 정말 좋은데요? 자연스럽고 진정성이 느껴져요."

"감사합니다!"

"그 멘트는 이따가 촬영이 끝나고 SNS에 게시물로 올려줄 수 있어요? 팬들도 좋아하고 화장품 홍보도 될 것 같은데."

"네, 물론이죠!"

제민이는 촬영장을 나서자마자 휴대폰을 꺼내 정성껏 글을 적었다.

GLOWIN.OFFICIAL 오늘 화장품 광고 촬영 완료!
별빛 촉촉 로션을 틈틈히 발랐더니 피부가 깨끗히 변했어요~
#광고 #별빛촉촉로션 #글로윈피부비결

그런데 몇 분 뒤, 댓글 하나가 눈에 띄었다.

 JEMINLOVE 제민 오빠, 맞춤법 다시 확인해 보세요.

"응? 맞춤법을 다시 확인해 보라고?"

제민이는 자신이 쓴 글을 다시 읽어 보았다. 다른 멤버들도 함께 화면을 들여다봤다.

잠시 후, 히로토가 무언가를 발견하고 입을 열었다.

"아, 맞아! 시옷 받침으로 끝나거나 '하다'를 붙여서 말이 안 되면 '-이'를 써야 한다고 했어."

"그럼 틈틈이, 깨끗이가 맞다는 거야?"

제민이는 당황스러웠다. 촬영까지 성공적으로 마쳤는데 SNS 게시물에서 실수를 하다니.

침울해하는 제민이를 보고 시안이가 다가왔다.

"제민아, 잠깐 느긋히 바람 쐬고 올까?"

그러자 히로토가 고개를 저었다.

"형, 틀렸어. 느긋히가 아니라 느긋이라고 하는 거야."

시안이가 머리를 감싸며 소리쳤다.

"이이이~ 틈틈이, 깨끗이, 느긋이? 너무 헷갈리잖아!"

제민이도 고개를 절레절레 흔들었다.

"이걸 다 어떻게 외우지?"

시안이와 제민이는 처음으로 자신들의 성씨가 '이' 씨라는 사실이 싫어졌다.

채원이가 알려주는 오늘의 맞춤법

제민이는 광고 촬영 후 SNS에 글을 올리면서
깨끗이를 깨끗히로, 틈틈이를 틈틈히로 잘못 적었어요.
'-히'와 '-이'를 구분하는 규칙을 익히고 올바른 예문들을 함께 살펴보아요.

⭐ **깨끗이** - 틀린 표기 : 깨끗히

더러움 없이 말끔하게
→ 손을 깨끗이 씻고 밥을 먹어라.

⭐ **느긋이** - 틀린 표기 : 느긋히

마음이 여유롭고 조급하지 않게
→ 시간이 많으니까 느긋이 준비해도 돼.

⭐ **틈틈이** - 틀린 표기 : 틈틈히

틈이 난 곳마다, 겨를이 있을 때마다
→ 틈틈이 책을 읽는 습관을 기르자.

⭐ **곰곰이** - 틀린 표기 : 곰곰히

깊고 자세하게 생각하는 모양
→ 어제 있었던 일을 곰곰이 생각해 보았어.

⭐ **꼼꼼히** - 틀린 표기 : 꼼꼼이

빈틈이 없고 차분하고 조심스러운 모양
→ 선생님의 말씀을 놓치지 않고 꼼꼼히 기록했어.

⭐ **가만히** - 틀린 표기 : 가만이

움직이지 않거나 아무 말 없이
→ 아이는 가만히 앉아서 그림을 그리고 있었어.

시루떡의 마음을 잡아라

되다와 돼다

제민이는 SNS 게시물을 황급히 수정했다. 그러나 이미 광고 회사는 제민이의 원본 게시물을 캡처해 홍보 영상에 사용했다. 그 덕에 별빛 촉촉 로션은 불티나게 팔렸지만 글로윈은 전국을 넘어 세계로 망신을 당할 판이었다.

"너무한 거 아니야? 어떻게 그걸 내보낼 수가 있어?"

멤버들의 소란 속에서 제민이는 한숨을 내쉬었다.

"내가 꼼꼼하지 못해서 생긴 일이야."

"아니야, 형. 살다 보면 이런 일도 있는 거지."

막내 히로토의 위로에 제민이는 겨우 미소를 되찾았다.
글로윈은 실망했을 시루떡의 마음을 되돌리기 위해서 유버스에 접속해 메시지를 보냈다.

하지만 잠시 후, 시루떡 사이에서 또다시 난리가 났다.
멤버들이 메시지에 '되'와 '돼'를 잘못 쓴 것이었다.

"돼는 '되어'의 줄임말인데 오빠들이 몰랐단 말이야? '찍게 되어서', '되고 싶어', '돼요'라고 써야 한다고."

"채원아, 이러다 우리까지 맞춤법 루저 팬클럽 되겠어."

"쉿! 말이 씨가 되는 거 몰라?"

채원이는 마음이 불편했다. 요즘 들어 팬클럽을 탈퇴하는 사람들이 늘고 있었기 때문이다.

"이대로 있을 수 없어!"

채원이가 벌떡 일어나 소리쳤다.

"오빠들 힘내라고 시루떡을 보내 주자!"

"찬성! 팬클럽에서 같이 보낼 사람들을 모으자!"

며칠 후, 글로윈 숙소에 커다란 떡 상자가 도착했다.

"와아! 시루떡이 우리 힘내라고 떡을 보내 줬어."

"상자가 아직도 따뜻하네. 맛있겠다."

시안이는 상자를 열다 익숙한 닉네임이 적힌 편지 한 장을 발견했다.

"글로윈맞춤법요정채원……?"

편지에는 따뜻한 응원의 말이 빼곡하게 적혀 있었다.

"쿵…… 이거 감동이네."

편지를 다 읽은 시안이는 마음이 훈훈해졌다. 팬들의 사랑이 고스란히 전해진 듯했다.

시안이는 시루떡 하나를 집어 들고 한입 베어 물었다. 고소하고 달콤한 맛이 입안 가득 퍼졌다.

"혼자 광고 찍냐? 나도 하나 먹어 보자!"

멤버들이 모여 시루떡을 나눠 먹었다. 달콤한 시루떡 덕분에 글로윈의 얼굴에 웃음꽃이 피어올랐다.

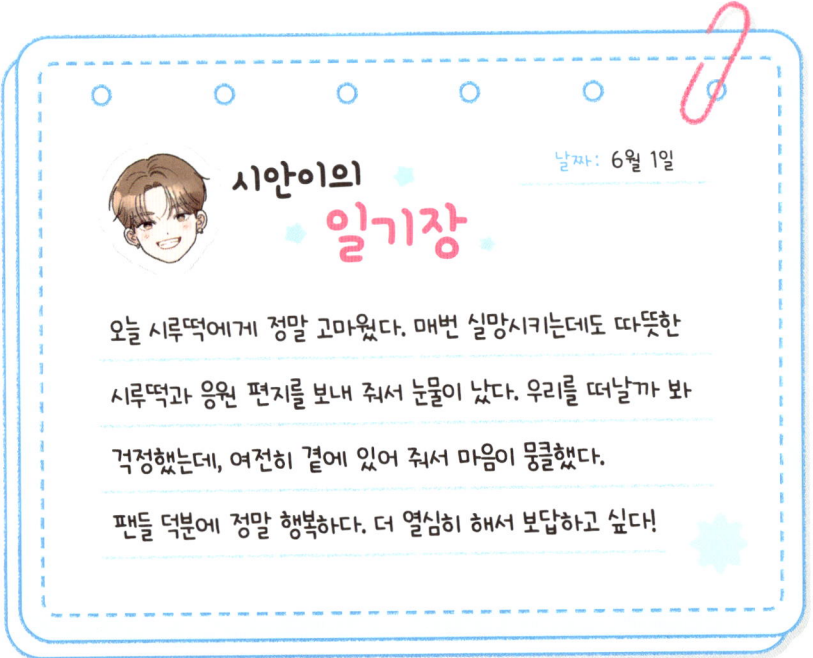

시안이의 **일기장**

날짜: 6월 1일

오늘 시루떡에게 정말 고마웠다. 매번 실망시키는데도 따뜻한 시루떡과 응원 편지를 보내 줘서 눈물이 났다. 우리를 떠날까 봐 걱정했는데, 여전히 곁에 있어 줘서 마음이 뭉클했다.

팬들 덕분에 정말 행복하다. 더 열심히 해서 보답하고 싶다!

채원이가 알려주는 오늘의 맞춤법

글로윈 멤버들이 되와 돼를 헷갈려 잘못 쓰는 바람에 시루떡이 걱정했어요.
이번에는 줄어든 형태 때문에 헷갈리기 쉬운 어휘를 정리해 봐요.

⭐ 되다 vs 돼다

* 되다 : 어떤 상태로 바뀌거나 변하다.
  → 봄이 지나 여름이 되다.
  → 공부가 습관이 되다.
* 돼다 : '되다'의 잘못된 표기

⭐ 되어, 돼 vs 되

* '되다'의 활용형으로, '돼'는 '되어'가 줄어든 말
  → 짝꿍이 되어서 서로 도와주기로 했어. → 짝꿍이 돼서 서로 도와주기로 했어.

* '해'로 바꿔 썼을 때 말이 되면 '돼'를 써요.
  → 숙제 다 됐어? → 숙제 다 했어?

* '하'로 바꿔 썼을 때 말이 되면 '되'를 써요.
  → 이건 안 되지? → 이건 안 하지?

⭐ -에요 vs -예요

* -에요 : '-이다', '-아니다' 뒤에 붙는 말
  → 바닥에 떨어진 것이 제 책이에요.
  → 그 사진 속 꼬마는 제가 아니에요.

* -예요 : 모음으로 끝나는 말 뒤에서 '-이에요'가 줄어든 말
  → 제가 좋아하는 운동은 축구예요.
  → 제가 좋아하는 운동은 등산이에요.

2화
그냥 썼다간 흑역사!
헷갈리는 맞춤법

포기하지 않는 마음

열 번 찍어 안 넘어가는 나무 없다

루현이는 침대에서 일어났다. 건너편 침대에 누워 자고 있는 시안이의 얼굴이 보였다. 무슨 꿈을 꾸는지 미간을 찌푸리고 있었다.

'꿈에서도 맞춤법 때문에 괴로워하는 건 아니겠지?'

마음이 무거워진 루현이는 조심스레 방문을 열고 거실로 나왔다. 거실에서는 동생들이 모여 보드게임을 하고 있었다.

"시안이 형은?"

"초저녁인데 완전히 꿈나라야."

히로토는 시안이가 평소 자는 모습을 흉내 내며 웃었다.

"그런데 형은 어디 가려고?"

"오랜만에 인형 뽑기나 해 볼까 해서."

루현이는 마음을 추스를 겸, 연습생 시절에 자주 가던 인형 뽑기방으로 향했다.

인형 뽑기방에는 여자 초등학생 둘이 인형을 잡는 데 집중하고 있었다. 혹시 자신을 알아볼까 봐, 루현이는 모자와 마스크를 벗지 못했다.

"아~ 뽑힐 것 같으면 떨어지네! 벌써 아홉 판째야."

"**열 번 찍어 안 넘어가는 나무 없다**고 하던데, 한 판만 더 해 볼까?"

"좋아! 윤채원 사전에 포기란 없다! 끝까지 노력해서 시안 오빠 닮은 토끼 인형을 뽑고 말겠어."

뽑기방에 있던 두 초등학생은 바로 채원이와 다빈이었다. 루현이가 자주 온다고 소문난 곳이라, 두 아이도 가끔 뽑기방에 들르곤 했던 것이다.

'시안이를 닮았다고? 내가 아는 그 이시안?'

루현이는 뽑기 스틱을 조종하다 깜짝 놀랐다.

"글로윈 오빠들도 포기하지 않고 끝까지 공부하면 언젠가 맞춤법의 달인이 되겠지?"

'글로윈'이라는 말에 루현이의 귀가 번쩍 뜨였다.

'시루떡이다!'라고 생각하는 동시에, 손은 버튼을 눌렀다. 단번에 인형을 뽑은 루현이는 너무 좋아서 방방 뛰었다. 하마터면 마스크가 벗겨질 뻔했다.

때마침 열 번째 도전에 성공한 채원이와 다빈이가 루현이를 보고 감탄했다.

"우린 열 번 만에 뽑았는데 저 오빠는 한 번에 뽑았네. 대단하다!"

다행인지 불행인지, 채원이와 다빈이는 루현이를 알아보지 못했다. 루현이는 인형을 품에 안고 재빨리 뽑기방을 나왔다.

숙소로 돌아오니 시안이가 깨어 있었다.

"시안, 나 방금 채원이를 만난 것 같아. 닉네임 '글로윈맞춤법요정채원' 말이야."

"뭐? 니가 글로윈인 거 들켰당가?"

시안이는 놀라서 사투리가 다 튀어나왔다.

"아니. 이렇게 꽁꽁 가렸는데 어떻게 알아봤겠어."

"으아~ 채원이 아깝다. 팬심이 너무 깊으면 계를 못 탄다더니, 딱 그 상황이네."

유성이가 말하자 히로토가 물었다.

"그게 무슨 말이야? 멍멍 개를 타고 어디 간다는 거야?"

히로토의 엉뚱한 질문에 멤버들은 웃음을 터뜨렸다.

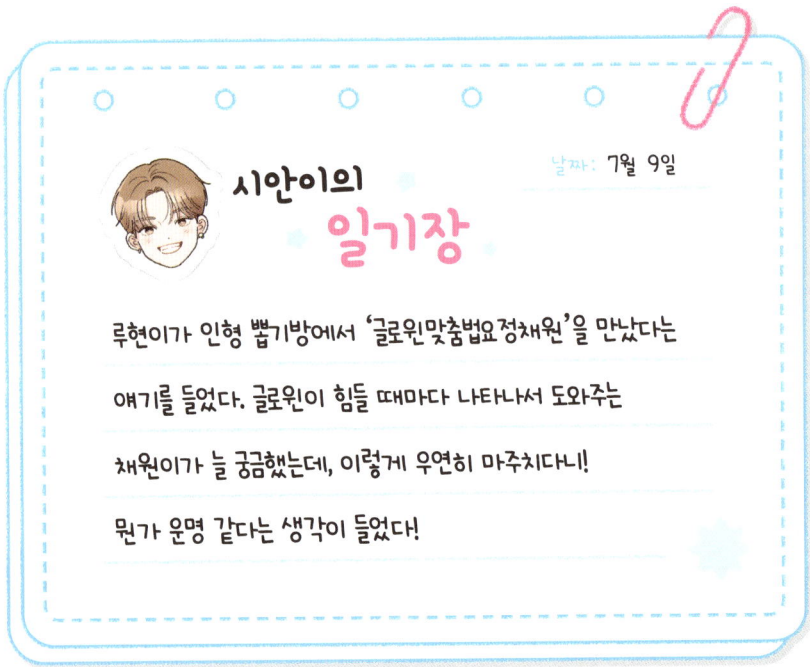

채원이가 알려주는 오늘의 표현

열 번 찍어 안 넘어가는 나무 없다는 말처럼 시안이를 닮은 토끼 인형을 뽑을 때까지 도전했어요. 이번에는 '노력'을 의미하는 다양한 표현들을 살펴볼까요?

⭐ **티끌 모아 태산**

작은 것이 모여 큰 것이 되다.
→ **티끌 모아 태산**이라고, 용돈을 천 원씩 모아 1년 만에 새 게임기를 샀어.

⭐ **고생 끝에 낙이 온다**

어려운 일을 겪으면 반드시 즐겁고 좋은 일이 찾아오기 마련이다.
→ 매일 피아노 연습하느라 힘들었지만 **고생 끝에 낙이 온다**고 대회에서 상을 받았어.

⭐ **발바닥에 불이 나다**

매우 바쁘고 분주하게 움직이며 노력하다.
→ 학예회 준비로 바빠서 **발바닥에 불이 날** 정도였어.

⭐ **뼈를 깎다**

있는 힘을 다해서 혹독하게 노력하다.
→ 태권도 검은띠를 따기 위해 **뼈를 깎는** 마음으로 매일 연습했어.

⭐ **우공이산** (愚 어리석을 우 公 공평할 공 移 옮길 이 山 뫼 산)

어떤 일이든 끊임없이 노력하면 반드시 이루어지는 법이다.
→ 구구단을 못 외워서, **우공이산** 정신으로 매일 10분씩 공부했더니 결국 다 외웠어.

⭐ **불철주야** (不 아닐 불 撤 거둘 철 晝 낮 주 夜 밤 야)

어떤 일에 몰두하여 조금도 쉴 사이 없이 밤낮을 가리지 않다.
→ 피아노 대회를 앞두고 **불철주야**로 연습했어.

도전! 맞춤법 엔딩 요정

1. 보기에서 알맞은 말을 골라 빈칸을 채워 보세요.

보기

가르치다 가리키다 맞히다 맞추다 마치다

① 방학 숙제를 모두

② 시계를 정확한 시각에

③ 시곗바늘이 정확히 12시를

④ 화살을 당겨서 과녁의 정중앙을

⑤ 형이 동생에게 자전거 타는 법을

2. 뜻과 맞는 표현을 찾아서 연결해 보세요.

① 작은 것이 모여 큰 것이 되다. ★ ★ ㉠ 우공이산

② 매우 바쁘고 분주하게 움직이며 노력하다. ★ ★ ㉡ 티끌 모아 태산

③ 어떤 일이든 끊임없이 노력하면 반드시 이루어지는 법이다. ★ ★ ㉢ 발바닥에 불이 나다.

3. 채원이와 다빈이가 나누는 이야기를 읽고, 알맞은 말을 골라 빈칸을 채워 보세요.

다빈아! 방금 올라온 글로윈 인터뷰 영상 얼른 / 얼렁 봐! 진짜 충격이야…….

인형 뽑기방에서 시루떡이 맞춤법 얘기하는 걸 들어서 챙피 / 창피했다는 거 말이지?

그날 마스크 쓴 오빠가 있었잖아. 곰곰히 / 곰곰이 생각해 보니 아무래도 루현이 오빠였던 것 같아.

그럼 우린 루현이 오빠가 코앞에 있었는데 못 알아본 거야? 말도 안 돼 / 되!

이제부터는 주변을 꼼꼼히 / 꼼꼼이 살펴보고 다녀야겠어! 다시는 이런 아쉬운 일 없도록!

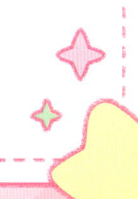

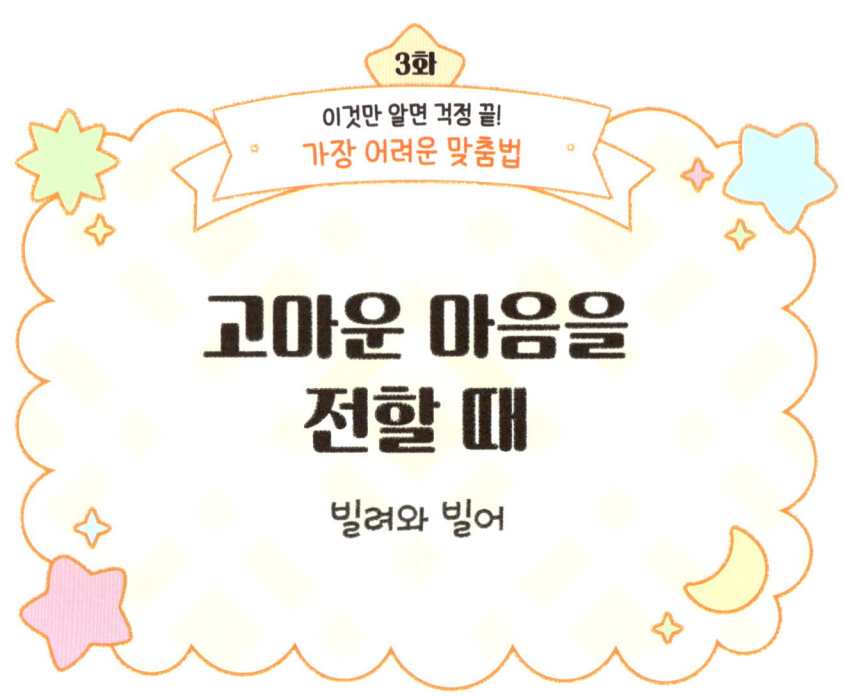

글로윈이 이달의 광고 모델로 선정되어 시상식에 오르게 되었다. 제민이가 작은 맞춤법 실수를 하긴 했지만 '별빛 촉촉 로션' 광고는 큰 성공을 거뒀기 때문이다.

"우리가 광고 모델로 상을 받다니!"

"이러다 섭외 요청이 폭주하면 어쩌지?"

유성이와 히로토가 흥분된 목소리로 떠들었다.

"받아도 되는 상인지 모르겠네."

제민이는 민망한 듯 머리를 긁적였다.

"그래도 처음 받는 상이니까 기쁘긴 하네."

루현이의 말에 시안이가 활짝 웃으며 답했다.

"그라제. 일단 기분 좋게 받자꼬!"

시상식은 간단히 진행되었다. 사회자가 시안이에게 마이크를 내밀며 소감을 물었다.

"수상의 기쁨을 시루떡과 함께하고 싶습니다. 이 자리를 **빌어** 감사함을 전합니다."

"꺄아아!"

시루떡의 함성이 시상식장을 가득 채웠고, 글로윈은 손을 흔들며 화답했다.

그런데 갑자기 한쪽 객석이 조용해지더니, 이내 여기저기서 웅성거리는 소리가 들려왔다.

"빌어가 아니라 빌려 아니야?"

"맞춤법도 모르면서 상을 받네."

루현이의 얼굴이 순간 굳어졌고, 시안이는 마이크를 잡은 손에 땀이 나기 시작했다. 분위기가 이상해졌다는 걸 느꼈다.

"아, 저기…… 빌어가 맞지 않나요?"

시안이가 당황한 얼굴로 사회자를 바라보았다.

사회자는 소란스러운 상황을 수습하려고 재빨리 마이크를 잡았다.

"특별한 기회를 활용해서 마음을 전할 때는 '이 자리를 빌려'라고 하죠. 우리 시안 군이 첫 수상이라 조금 긴장해서 헷갈렸나 봅니다. 중요한 건 고마운 마음을 전하는 거예요. 아주 잘하고 있습니다! 하하하!"

사회자는 어색해진 분위기를 풀어보려 애썼다.

무대 뒤에서 시상식을 보던 장수연은 눈을 질끈 감았다.

"아이고, 이게 무슨 일이야. 방송 사고네."

시안이는 얼굴이 빨개진 채로 입을 열었다.

"제가 조금 긴장해서 잘못 말했네요. 이 자리를 **빌려** 감사함을 전합니다."

"수상자 글로원에게 다시 한번 큰 박수 부탁드립니다."

객석은 다시 환호성으로 가득 찼다. 물론 여전히 곱지 않은 시선도 있었지만 말이다.

채원이가 알려주는 오늘의 맞춤법

시안이가 시상식에서 이 자리를 빌어라고 잘못 말해서 사람들이 수군거렸어요.
빌려와 빌어처럼 헷갈리기 쉬운 어휘들을 정리해 보아요.

★ 빌리다 vs 빌다

* 빌리다 : 남의 것을 나중에 돌려주기로 하고 잠시 가져다 쓰다.
  → 필통을 놓고 와서 친구에게 연필을 빌렸어.
* 빌다 : 소원을 이루게 해 달라고 누군가에게 바라다.
  → 별똥별을 보며 소원을 빌었어.

★ 돋우다 vs 돋구다

* 돋우다 : 위로 끌어 올려 도드라지거나 높아지게 하다.
  → 매운 떡볶이가 입맛을 돋우었어.
* 돋구다 : 안경 도수를 더 높게 하다.
  → 눈이 나빠져서 안경 도수를 돋구어야겠어.

★ 띄다 vs 띠다

* 띄다 : 간격을 벌이다.
  → 맞춤법에 맞게 글자 사이를 띄어서 써야 해.
* 띠다 : 빛이나 색채를 나타내다.
  → 이 장미꽃은 붉은빛을 띠고 있어.

★ 붙이다 vs 부치다

* 붙이다 : 맞닿아서 떨어지지 않게 하다.
  → 일기장에 스티커를 붙여서 예쁘게 꾸몄어.
* 부치다 :
  ① 편지나 물건을 보내다. | ② 전이나 빈대떡을 만들다. | ③ 모자라다.
  → ① 할머니 댁으로 편지를 부쳤어.
  → ② 명절이면 우리 가족은 모두 함께 전을 부쳐.
  → ③ 짐이 무거워서 혼자 들기에는 힘에 부쳐.

시상식이 끝난 후, 온라인 세상이 요동쳤다. '글로다이'라는 유튜버가 올린 영상이 폭발적인 조회 수를 기록하고 있었다.

시안, 연속 맞춤법 실수?! 이 정도면 무식 인증 ㅋㅋ

제목부터 자극적이었다. 영상 속에는 시안이가 "이 자리를 빌어"라고 말했던 장면이 반복 재생되고 있었다. 댓글 창에서는 시루떡들이 필사적으로 맞서 싸우고 있었지만, 악플의 속도를 따라가기는 역부족이었다.

며칠 후, 시안이와 루현이가 음악 방송의 일일 사회자를 맡는 날이었다.

"루현아, SNS에 소식 올려 줘. 이런 때일수록 우리 할일에 최선을 다해야지."

매니저의 요청에 루현이는 휴대폰으로 사진을 찍고 게시물을 올렸다.

조금 뒤, 음악 방송 촬영이 시작되었다.

"이 자리에 꼭 서 보고 싶었는데 정말 기뻐요."

"저희 글로윈, 열심히 하겠습니다!"

방송은 무사히 끝났다. 시안이와 루현이는 안도의 한숨을 쉬었다. 그런데 방송이 끝나자마자, 글로다이의 새 영상이 올라왔다.

'로서'를 '로써'로 헷갈린 루현! 이제 정말 답이 없네!

글로다이의 기계적인 목소리가 영상에 울려 퍼졌다.

"여러분, **로서**는 자격이나 신분을 나타낼 때 씁니다. '학생으로서', '리더로서' 이런 식으로요. 반면 **로써**는 수단을 나타낼 때 씁니다. '칼로써 자른다' 이렇게 말이죠. 그런데 루현은 '대표 멤버로써'라고 했네요? 이건 자격을 나타내는 거니까 당연히 '대표 멤버로서'가 맞습니다. 이렇게 맞춤법도 못 지키는 아이돌이 초등학생들의 롤모델이 되어도 괜찮을까요?"

댓글 창은 더욱 거칠어졌다. 글로윈을 감싸 주던 시루

떡들도 지쳐 가고 있었다.

러브유글로원
또 감싸 줘야 하나. 이젠 시루떡도 한계야.

채원이와 다빈이의 걱정도 점점 커져만 갔다.

"채원아, 글로원 정말 괜찮을까?"

다빈이가 불안한 목소리로 물었다.

"모르겠어. 시루떡들도 점점 지쳐 가는 것 같아……."

한편, 글로다이의 구독자 수는 하루가 다르게 늘어나고 있었다. 정체불명의 글로다이는 그림자 속에 숨어 글로원의 다음 실수를 호시탐탐 노리고 있었다.

채원이가 알려주는 오늘의 맞춤법

루현이가 -로서와 -로써를 구분하지 못하는 바람에 글로다이에게 공격받았어요.
두 어휘의 정확한 구분법을 알아보고, 헷갈리기 쉬운 다른 어휘도 정리해 봐요.

⭐ -로서 vs -로써

* -로서 : 자격, 신분, 역할을 나타낼 때 쓰는 말
  → 학생으로서 열심히 공부해야 해.
  → 언니로서 동생을 돌봐야 해.

* -로써 : 수단, 방법, 재료를 나타낼 때 쓰는 말
  → 이번 생일로써 나는 열두 살이 되었어.
  → 싸우지 말고 대화로써 오해를 풀어 봐.

* '-라는 자격으로'라는 말을 붙여서 말이 되면 '로서'를 써요.
* '-(으)로'라는 말을 붙여서 말이 되면 '로써'를 써요.

⭐ -든지 vs -던지

* -든지 : 선택이나 가능성을 나타낼 때 쓰는 말
  → 언제든지 연락해도 돼!
  → 노래를 부르든지 춤을 추든지 상관없어.

* -던지 : 과거에 했던 일이나 경험을 떠올릴 때 쓰는 말
  → 그날 얼마나 춥던지 손이 꽁꽁 얼어서 힘들었어.
  → 소민이가 밥을 얼마나 많이 먹던지 배탈 날까 봐 걱정됐어.

⭐ 봬요 vs 뵈요

* 봬요 : '보다'의 높임말인 '뵙다'의 활용형으로, '뵈어요'가 줄어든 말
  → 다음에 꼭 봬요!
  → 지난주에 길에서 우연히 선생님을 뵀어.

* 뵈요 : '봬요'의 잘못된 표기

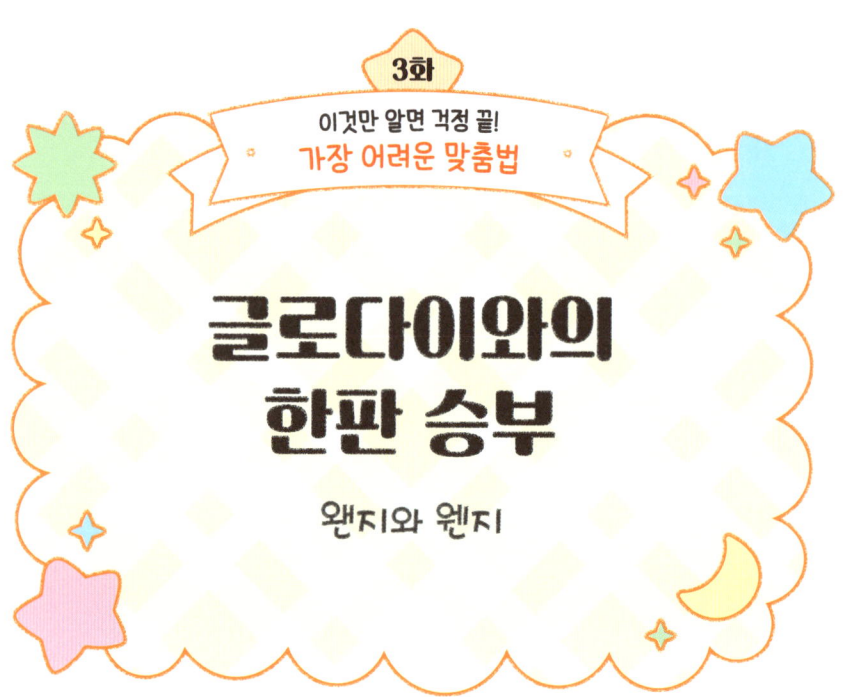

글로다이가 라이브 방송을 시작했다. 늑대 가면을 쓴 채 카메라 앞에 앉아 있었다.

"글로윈! 이 정도면 실수가 아니라 실력인 거죠?"

글로다이는 어깨까지 들썩이며 웃었다.

라이브 방송을 지켜보던 시안이가 벌떡 일어났다.

"내가 해결해 볼게."

"안 돼. 글로윈은 하나야. 함께 해야지."

루현이가 시안이를 말렸다. 멤버들도 고개를 끄덕였다.

히로토마토
인기 얻으려고 남의 약점을 이용하는 사악한 글로다이!

"채팅이 달리고 있네요. 닉네임이 히로토마토라니, 혹시 글로윈의 히로토는 아니겠죠?"

히로토는 깜짝 놀라 타자 치던 손을 멈췄다. 하지만 곧 다시 채팅을 입력했다. 글로다이와 히로토의 일대일 대결이라도 된 듯 라이브 방송은 뜨겁게 달아올랐다. 글로다이도 다른 채팅은 제쳐 두고 히로토마토에게만 집중했다.

"그 스타에 그 팬이라고, 글로윈 같은 아이돌을 좋아하는 시루떡도 똑같이 엉망이네요."

글로다이가 말을 이어가던 그때, 히로토는 문득 이상한 느낌이 들었다. 히로토는 재빨리 채팅을 쳤다.

히로토마토

왠지 이 사람 말투가 익숙한데.
내가 아는 사람인가?

"하하하, 왠지가 아니라 웬지겠죠."

그러자 다른 시청자들의 채팅이 순식간에 쏟아졌다.

히로토마토

왠지가 맞아요. 웬지라는 말은 없거든요.
왠지는 '왜 그런지'의 줄임말이고,
웬은 '어떤'이라는 뜻이에요.

라이브 방송 시청자들의 반응이 완전히 뒤바뀌었다. 글로다이를 비판하고 글로윈의 편을 드는 채팅들이 폭발적으로 늘어났다.

"아니에요! 저는 그냥 실수한 거고 글로윈은……."

글로다이의 목소리가 점점 작아졌다.

히로토마토
글로윈도 실수라고 했는데 왜 그렇게 공격했나요?

시루떡♡
ㅋㅋㅋ 글로다이도 맞춤법 틀렸네. 히로토마토의 승리!

글로다이는 급히 방송을 종료했다.

"아까 글로다이가 '그 스타에 그 팬'이라고 했지?"

히로토는 글로다이가 누군지 알 것 같았다. 글로윈 데뷔 후 누군가가 멤버들에게 똑같이 했던 말이었다.

히로토는 매니저에게 다급하게 전화를 걸었다. 그리고 자신이 떠올린 그 사람이 지금 무엇을 하고 있는지 알아봐 달라고 했다.

채원이가 알려주는 오늘의 맞춤법

글로다이가 라이브 방송에서 왠지를 잘못 사용하는 바람에 역풍을 맞았어요.
이번에는 왠과 웬을 쉽게 구분하는 방법을 배워보아요.

⭐ **왠지** - 틀린 표기: 웬지

왜 그런지 모르게, 뚜렷한 이유도 없이
→ 왠지 오늘은 기분이 좋아.
→ 왠지 비가 올 것 같아.
→ 왠지 모르게 쑥스러워.

★ '왠지'는 '왜인지'의 줄임말이에요.

⭐ **웬** - 틀린 표기: 왠

어떻게 된, 어떠한, 무엇인지 모르는
→ 이렇게 더운데 웬 털모자를 쓰고 있니?
→ 이게 웬 떡이야?
→ 웬일로 밥을 남겼어?

★ '웬'은 '어떤'의 줄임말이에요. '어떤'의 'ㅓ' 모양이 들어가는 걸 기억해요!

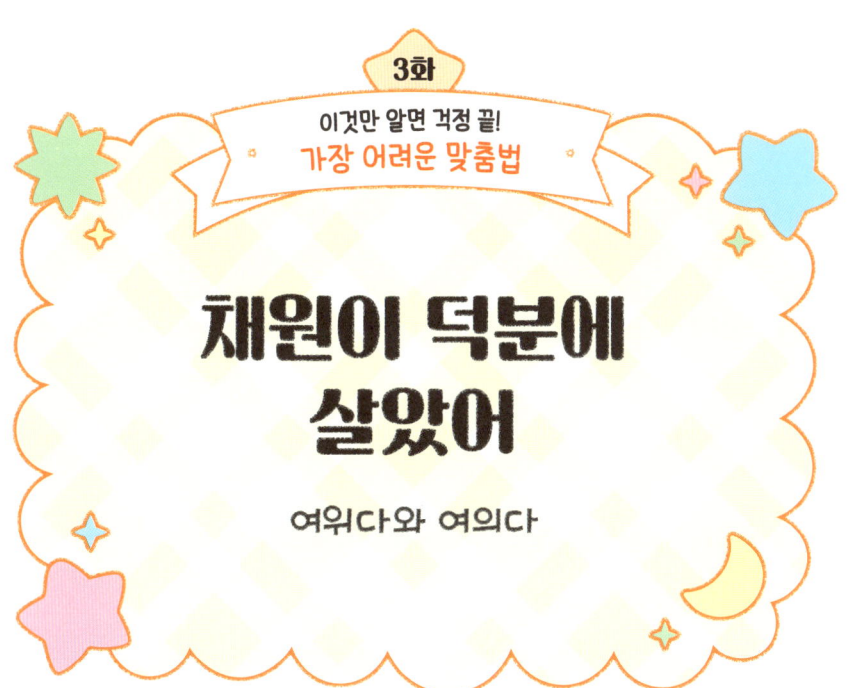

"채원아, 축하해! 네가 우승할 줄 알았어."

얼마 전 글로윈의 소속사에서는 글로윈의 맞춤법 논란을 긍정적으로 활용하기 위해, 시루떡을 대상으로 맞춤법 퀴즈 이벤트를 열었다. 거기에서 채원이가 우승을 차지한 것이다. 다빈이는 자기가 우승한 것처럼 기뻤다.

"나도 꿈만 같아. 우승 상품이 글로윈과 영상 통화라니!"

채원이는 빨리 그 시간이 다가오기를 바랐다.

글로윈도 긴장되기는 마찬가지였다. 영상 통화이긴 하

지만 팬과 일대일로 이야기하는 건 처음이었다. 시안이는 채원이가 1등 했다는 소식에 너무 기뻤다.

"채원이가 1등 할 줄 알았어. 우리가 맞춤법을 틀릴 때마다 얼마나 애를 썼는지 알잖아. 정말 대단해."

시안이의 말에 루현이도 고개를 끄덕였다.

잠시 후, 채원이와 글로윈의 영상 통화가 시작됐다.

"안녕하세요! 글로윈맞춤법요정채원이에요!"

채원이가 손을 흔들며 인사했다.

"오빠들, 요즘 맞춤법 때문에 많이 힘들죠?"

"우리 잘못이지, 뭐. 맞춤법 공부 열심히 하고 있으니까 이제 시루떡을 힘들게 할 일은 없을 거야."

"그런데 요즘 글로다이가 조용한데, 괜찮은 거예요?"

멤버들이 서로 눈치를 보더니 시안이가 웃으며 답했다.

"걱정 마. 이미 다 해결됐어."

채원이는 글로윈에게 엄지손가락을 치켜들었다.

그때 히로토가 말했다.

"우리 엄마가 내 얼굴을 보더니 여의어서 어쩌냐고 걱정을 많이 하셨어. 채원이가 우리를 도와주지 않았다면

나 일본으로 돌아가야 했을 거야. 정말 고마워."

"엇, 그런데 방금 여의었다고 말했어요?"

"응, 살이 빠졌을 때 쓰는 말 아니야?"

채원이는 또박또박 설명했다.

"아니에요! **여의다**는 누군가 죽어서 이별했을 때 쓰는 말이에요. 살이 빠져서 말라갔을 때는 **여위다**라고 하는 게 맞아요."

"아, '세상을 여의다', '얼굴이 여위었다' 이렇게?"

시안이가 예시를 들며 물었다.

"바로 그거예요!"

"하마터면 나 천사 될 뻔했네. 채원, 아리가토!"

채원이는 환하게 웃으며 영상 통화를 마쳤다. 글로윈을 직접 도와줄 수 있어서 뿌듯했다.

"채원이 아니었으면 또 어떤 망신을 당했을지 몰라."

유성이가 가슴을 쓸어 내리며 말했다.

"맞아. 글로다이와의 일도 있었으니까, 이제부터는 춤이랑 노래만큼 맞춤법 공부도 더 열심히 하자!"

멤버들은 이제 작은 실수조차 하지 않겠다고 다짐했다.

채원이가 알려주는 오늘의 맞춤법

맞춤법 퀴즈에서 우승한 덕분에 글로윈과 영상 통화를 하게 됐어요!
히로토가 헷갈려 했던 여위다와 여의다처럼
뜻이 어렵고 비슷하게 생긴 어휘를 정확히 알아보아요.

★ 여위다 vs 여의다

* 여위다 : 살이 빠져서 말라 보이게 되다.
  → 할머니가 아파서 많이 여위셨어.
* 여의다 : 사랑하는 사람을 멀리 떠나보내다.
  → 할머니께서 할아버지가 세상을 여의신 지 벌써 1년이 됐어.

★ 부수다 vs 부시다

* 부수다 : 단단한 물체를 깨뜨리거나 부러뜨리다.
  → 실수로 엄마가 아끼던 화분을 부수고 말았어.
* 부시다 : 눈이 아플 정도로 빛이 밝다.
  → 햇빛에 눈이 부셔.

★ 다리다 vs 달이다

* 다리다 : 옷이나 천의 주름을 펴기 위해 뜨거운 다리미로 문지르다.
  → 다리미로 옷을 다렸어.
* 달이다 : 액체를 끓여서 진하게 만들다.
  → 할머니가 몸에 좋은 보약을 달여 주셨어.

★ 조리다 vs 졸이다

* 조리다 : 양념한 고기나 생선, 채소에 국물을 넣고 양념이 배도록 끓이다.
  → 옆집에서 생선 조리는 맛있는 냄새가 풍겨 와.
* 졸이다 : 안타깝고 초조해하다.
  → 실수할까 봐 마음을 졸였어.

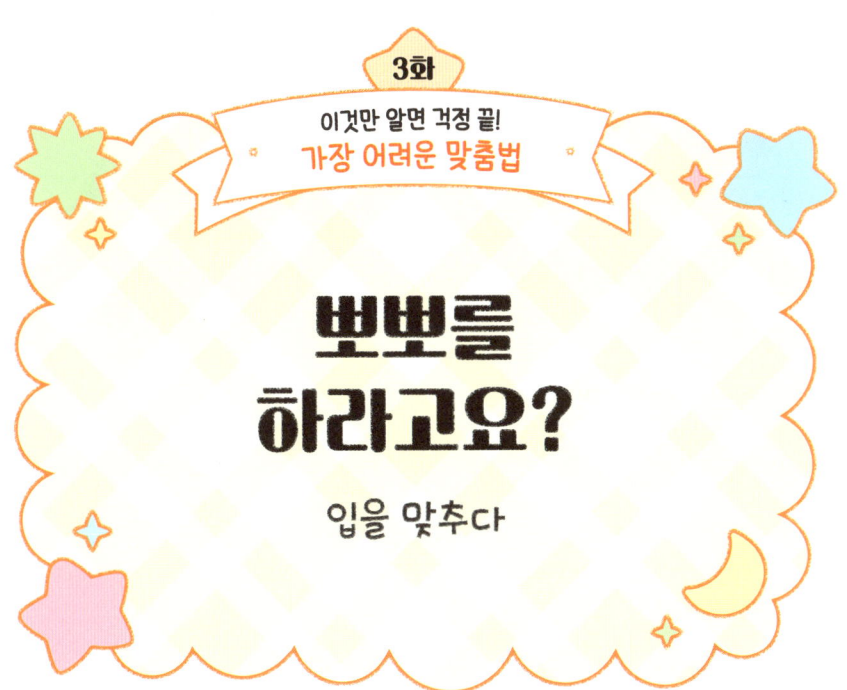

알홍의 음악 작업실에 글로윈이 모였다.

알홍은 대한민국에서 내로라하는 작곡가이다. 그런 알홍이 먼저 글로윈에게 곡을 주겠다고 연락해 온 것이다.

"여러분께 줄 곡의 제목은 '입을 맞추다'예요."

"오우~ 낭만적인 제목이네요."

"자, 그럼 멤버들도 곡 분위기에 맞게 입 맞출 준비됐죠? 시작해 볼까요?"

"네? 갑자기 입을 맞추라고요?"

"뽀뽀를 하라는 말씀이세요?"

멤버들은 어리둥절한 표정으로 서로를 살폈다. 일홍의 말을 모른 척했다가는 곡을 받지 못할까 봐 유성이는 입술을 내밀고 히로토에게 얼굴을 들이밀었다.

"으으으~ 내 첫 뽀뽀를 유성이 형이랑 할 순 없어."

히로토가 기겁하자, 루현이는 유성이를 말렸다.

"아무리 그래도 이건 좀 아니지."

"하하하! 글로원 역시 너무 재미있는 친구들이네요."

알홍은 목젖이 보일 정도로 웃었다. 글로원은 무슨 말인지 몰라도 일단 따라 웃었다.

"**입을 맞추다**는 관용어예요. 관용어는 말 그대로가 아니라 특별한 뜻으로 쓰이는 말이에요. 이 표현은 서로 말하지 않아도 마음이 통한다는 뜻을 담고 있죠. 그러니까 제 말은, 마음을 하나로 모아 노래를 잘 불러 보자는 거였어요."

알홍의 설명에 글로원 얼굴은 홍당무처럼 빨개졌다.

"하마터면 내 입술을 유성이 형에게 빼앗길 뻔했어."

히로토가 손으로 입술을 가리며 유성이를 흘겨봤다.

"요즘 글로윈이 힘든 시기를 보내고 있다는 얘기를 들었어요. 저도 그런 시기가 있었거든요. 음악으로나마 여러분에게 힘이 되고 싶어서 이 곡을 만들었어요."

알홍이 글로윈을 위해 만든 '입을 맞추다'는 힘든 시기를 잘 버티고 있는 글로윈을 향한 응원곡이었다.

멤버들은 알홍의 따뜻한 선물에 가슴이 뭉클해졌다.

"비슷한 경험을 한 선배님이 저희를 응원해 주시는 거네요!"

히로토가 감동하며 말했다.

"역시 가재는 게 편이라니까요!"

유성이도 맞장구를 쳤다.

"그렇죠. 그럼 이제 한마음으로 녹음을 시작해 볼까요?"

♪ 말하지 않아도 눈빛 속에 마음이 보여
♪ 같은 길을 함께 걷다 보면 알게 돼
♪ 우리 마음이 닿아 입을 맞추고
♪ 결국 너와 나는 하나가 돼

채원이가 알려주는 오늘의 표현

입을 맞추다는 실제로 입을 맞대는 게 아니라 마음이 통한다는 뜻이었어요.
이번에는 친구 사이에 쓸 수 있는 다양한 표현들을 알아봐요.

⭐ 친구 따라 강남 간다
친구의 영향을 받아 따라서 행동하다.
→ 친구 따라 강남 간다고, 혜지가 피아노 치는 걸 보고 민수도 갑자기 피아노를 배우기 시작했어.

⭐ 말 한마디로 천 냥 빚을 갚는다
좋은 말 한마디가 큰 도움이 되다.
→ 속상해하는 친구에게 괜찮다고 말해 줬더니 힘을 얻은 것 같았어. 말 한마디로 천 냥 빚을 갚았어.

⭐ 손을 잡다
함께 협력하거나 도움을 주다.
→ 숙제가 너무 어려워서 친구와 손을 잡고 함께 풀었어.

⭐ 무릎을 마주하다
가까이서 진지하게 이야기하다.
→ 중요한 약속을 정할 때는 무릎을 마주하고 앉아서 진지하게 이야기해야 해.

⭐ 동고동락 (同 같을 동 苦 괴로울 고 同 같을 동 樂 즐거울 락)
괴로울 때나 즐거울 때나 함께하다.
→ 우리는 혼날 때도 같이 혼나고, 놀 때도 같이 노는 동고동락하는 친구예요.

⭐ 지란지교 (芝 지초 지 蘭 난초 란 之 갈 지 交 사귈 교)
향기로운 풀과 난초처럼 좋은 친구 관계
→ 우리는 초등학교 때부터 지란지교야.

도전! 맞춤법 엔딩 요정

1. 다음 중 바르게 쓴 문장을 찾아 보세요.

   ① 제가 <u>학급 회장으로서</u> 우리 반을 대표해서 발표할게요.
   ② 할머니, 다음 주에 <u>뵈요</u>!
   ③ <u>형으로써</u> 동생을 잘 챙겨야 해요.
   ④ 회색빛을 <u>띈</u> 먹구름이 몰려들고 있어요.

2. 뜻과 맞는 표현을 찾아서 연결해 보세요.

① 좋은 말 한마디가 큰 도움이 되다.	★	★	㉠ 동고동락
② 친구의 영향을 받아 따라서 행동하다.	★	★	㉡ 친구 따라 강남 간다.
③ 괴로울 때나 즐거울 때나 함께하다.	★	★	㉢ 말 한마디로 천 냥 빚을 갚는다.

3. 밑줄 친 낱말을 바르게 고쳐 써 보세요.

   ★ **왠일로** 아침 일찍 일어났니?   →

   ★ **웬지** 모르게 눈이 떠졌어요.   →

4. 채원이와 다빈이가 나누는 이야기를 읽고, 알맞은 말을 골라 빈칸을 채워 보세요.

다빈

채원! 나 어제 응원봉 떨어뜨려서 부수어 / 부시어 버렸어. ㅠㅠ

아까워서 어떡해…. 일단 내일 팬미팅에서는 내 응원봉을 빌어 / 빌려 줄게.

채원

다빈

고마워! 그럼 내가 맛있는 거 사 줄게. 먹고 싶은 건 뭐든지 / 뭐던지 말해!

까~ 좋아. 일단 나 팬미팅 갈 준비 좀 하고 올게! 입을 옷을 미리 달여 / 다려 놓을 거야.

채원

다빈

알겠어! 눈 부시도록 / 부수도록 멋진 오빠들을 만나는 건데 구겨진 옷으로 갈 수는 없지!

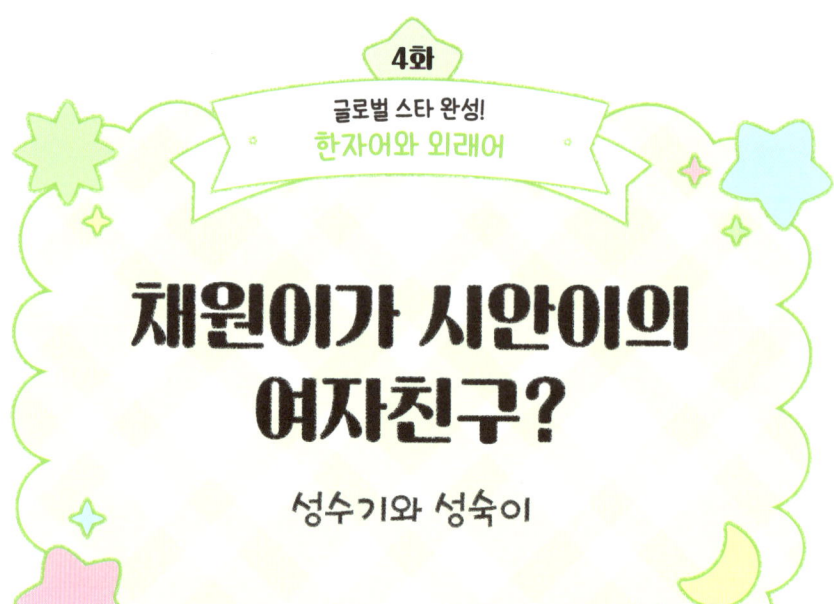

글로윈의 팬미팅이 있는 날이었다. 한껏 멋을 낸 채원이와 다빈이가 팬미팅장에서 만났다.

"나 너무 떨려. 심장이 막 튀어나올 것 같아."

"살가죽이 두꺼워서 절대로 그럴 일은 없을 거야."

그때, 채원이의 옆자리에 앉은 한 팬이 경상도 사투리를 쓰며 말했다.

"내는 글로윈이 데뷔할 때부터 알아봤다. 고마 요새 인기 **폭팔**이다 아이가!"

그 말을 들은 채원이가 조심스럽게 이야기했다.

"언니, 폭팔이 아니라 **폭발**이에요."

"에, 진짜? 고맙다."

노래로 시작된 팬미팅은 즐거운 게임과 이야기로 가득 채워졌다. 함께 웃고 떠들다 보니 어느새 마무리할 시간이 다가왔다.

시안이가 마이크를 잡았다.

"벌써 마칠 시간이네요. 시루떡 여러분, 너무 아쉽죠?"

시루떡은 큰 소리로 아쉬움을 드러냈다.

"저희에게 드디어 **성수기**가 찾아왔어요. 덕분에 진짜 행복하게 지내고 있어요."

시안이가 수많은 시루떡 사이에서 채원이를 바라보며 말했다. 그러자 경상도 팬이 채원이를 흘겨보았다.

"뭐, **성숙이**? 니 혹시 이름이 성숙이가?"

놀란 채원이는 고개를 절레절레 흔들었다.

이어서 루현이도 마이크를 잡았다.

"성수기를 만나고부터 저희가 많이 달라졌어요."

경상도 팬은 씩씩거리며 양팔을 걷어올렸다.

"니, 루현 오빠도 만났나? 어데 우리 오빠들한테 양다리를 걸치노?"

"아니에요! 저는 그냥 팬이에요!"

채원이는 손사래를 쳤지만 주변에서는 이미 웅성거리기 시작했다.

"성숙이가 누구야?"

"설마 저 애가 여자친구야?"

팬미팅장이 점점 혼란에 빠졌다. 시안이는 상황을 파악하고 곧바로 해명했다.

"아! 성숙이가 아니라 성수기예요! 성수기는 가장 바쁜 시기를 말해요."

"맞아요. 저희가 요즘 시루떡 덕분에 이렇게 팬미팅도 하고, 정말 바쁘게 지내고 있잖아요?"

시안이와 루현이의 설명으로 여자친구에 관한 소문은 오해로 밝혀졌다. 팬미팅장 곳곳에서 웃음이 터져 나왔다.

"아이고, 내가 뭔 소리를 했노……."

경상도 팬은 얼굴을 붉히며 자리에 앉았다. 채원이는 오해가 풀려 다행이라고 생각했다.

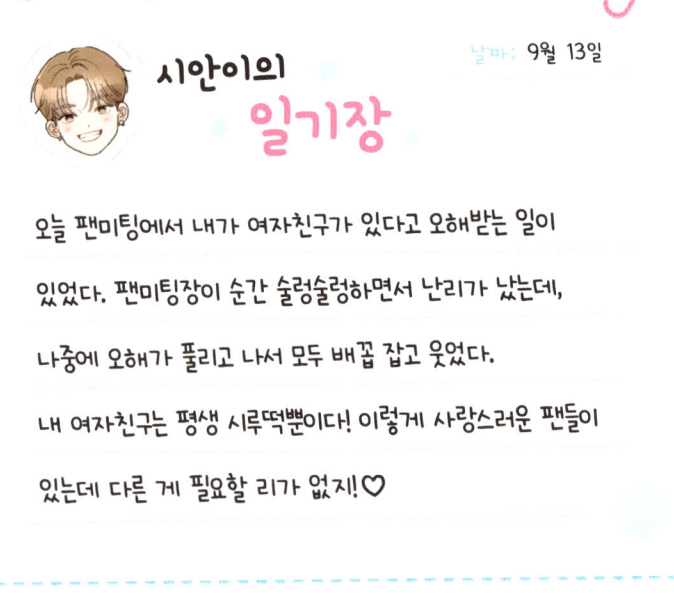

시안이의 일기장

날짜: 9월 13일

오늘 팬미팅에서 내가 여자친구가 있다고 오해받는 일이 있었다. 팬미팅장이 순간 술렁술렁하면서 난리가 났는데, 나중에 오해가 풀리고 나서 모두 배꼽 잡고 웃었다. 내 여자친구는 평생 시루떡뿐이다! 이렇게 사랑스러운 팬들이 있는데 다른 게 필요할 리가 없지! ♡

채원이가 알려주는 오늘의 맞춤법

팬미팅에서 한 팬이 성수기라는 한자어를 성숙이라는 사람 이름으로 잘못 듣는 바람에 오해가 생겼어요. 이번에는 잘못 쓰기 쉬운 한자어들을 함께 살펴볼까요?

⭐ 성수기 vs 성숙이

* 성수기 (盛 성할 성 需 기다릴 수 期 기약 기)
  : 물건을 많이 사거나 서비스를 많이 이용하는 시기
  → 겨울 방학이 되면 스키장은 성수기가 돼.
* 성숙이 : '성수기'의 잘못된 표기

⭐ 재작년 vs 제작년

* 재작년 (再 두 재 昨 어제 작 年 해 년): 작년보다 한 해 더 앞선 해
  → 재작년에 우리 가족은 제주도로 여행을 갔었어.
* 제작년 : '재작년'의 잘못된 표기

⭐ 폭발 vs 폭팔

* 폭발 (爆 터질 폭 發 필 발): 힘이나 열기가 갑자기 크게 퍼지는 것
  → 화산 폭발하는 장면이 인상 깊었어.
* 폭팔 : '폭발'의 잘못된 표기

⭐ 조치 vs 조취

* 조치 (措 둘 조 置 둘 치): 문제를 해결하기 위해 취하는 행동이나 대책
  → 이번 주는 학교에 가지 못해. 전염병이 심해서 휴교 조치가 내려졌거든.
* 조취 : '조치'의 잘못된 표기

⭐ 역할 vs 역활

* 역할 (役 부릴 역 割 벨 할): 각자 맡아서 해야 할 일이나 책임
  → 사랑이는 학급 연극에서 늘 주인공 역할을 맡아.
* 역활 : '역할'의 잘못된 표기

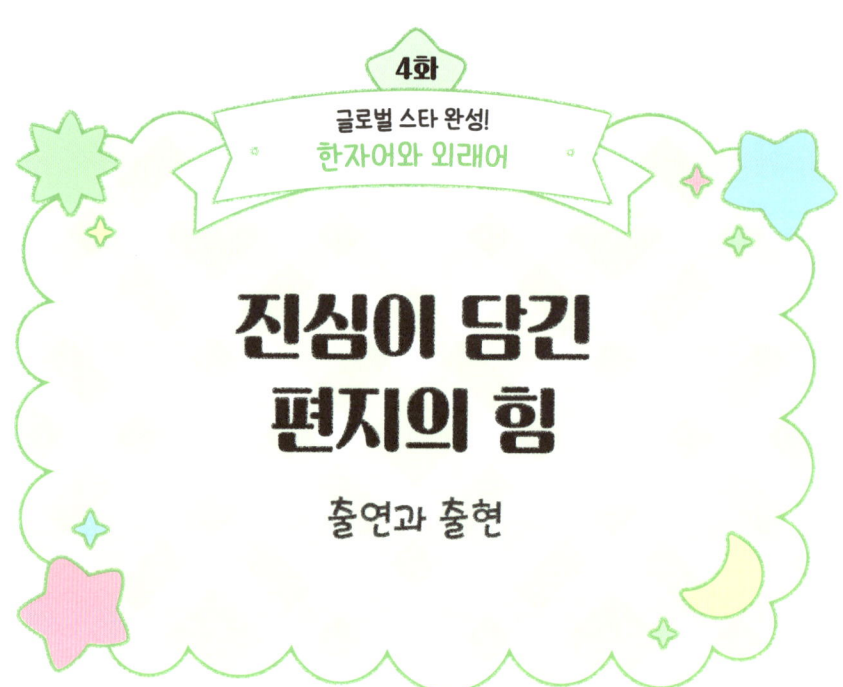

시안이는 오랫동안 마음에 걸렸던 일이 하나 있었다. 바로 예전 광고 촬영에서 맞춤법을 틀려 광고 감독을 당황하게 했던 일이다.

"홍보 영상 때문에 잠깐 논란이 있긴 했지만, 그 덕분에 글로윈이 더 주목받게 됐어. 돌이켜 보면 감독님께 참 감사해."

시안이는 용기를 내서 글로윈을 대표해 편지를 쓰기로 했다.

> 감독님, 안녕하세요? 글로윈입니다.
> 감독님 덕분에 상도 받고, 맞춤법도 많이 늘었어요.
> 아이들의 입장에서 더 책임감을 느끼게 되었고요.
> 항상 감사하고 있습니다.
>
> — 글로윈 올림 —

시안이는 자신이 쓴 편지를 멤버들에게 보여주었다.

"어때? 잘 썼어?"

"좋은데? 우리의 마음이 잘 느껴져."

루현이는 엄지를 들어 보였다.

"그런데 형, 어디에 **입장**한다는 거야?"

히로토가 궁금해했다.

"내가 말한 **입장**은 안으로 들어간다는 뜻이 아니라, 어떤 사람의 생각이나 자리에서 바라본다는 뜻이야."

시안이가 친절하게 설명했다.

"아~ 그렇구나! 시안이 형 멋져! 이 편지 바로 보내자!"

며칠 후, 글로윈에게 뜻밖의 연락이 왔다.

"얘들아, 광고 감독님께 전화가 왔어!"

매니저가 흥미진진한 표정으로 말했다.

"감독님이 편지를 읽고 너무 감동하셨대. 마침 새로운 방송 프로그램에 고정 **출현자**를 찾고 있었는데, 글로윈이 딱이겠다고 하셨대."

그때, 갑자기 히로토가 매니저를 멈춰 세웠다.

"매니저 형, 이럴 때는 출현자가 아니라 **출연자**라고 하는 거 아니에요? 출현은 갑자기 나타나는 거잖아요."

"아, 맞네! 아무튼 감독님이 신규 프로그램에 고정으로 출연해 보지 않겠냐고 하시네!"

매니저가 웃으며 고쳐 말했다.

한편, 글로윈의 방송 출연 소식을 들은 팬들은 설레는 마음으로 이야기를 나누고 있었다. 채원이와 다빈이도 카페에서 만나 반가운 소식을 공유했다.

"우리 이모가 그러는데, 시안 오빠가 광고 감독님한테 직접 손 편지를 써서 보냈대. 그래서 이런 기회가 생겼다고 하더라고!"

"정말? 우리 시안 오빠 최고야!"

방송 첫 출연 날, 시안이는 팬들에게 메시지를 보냈다.

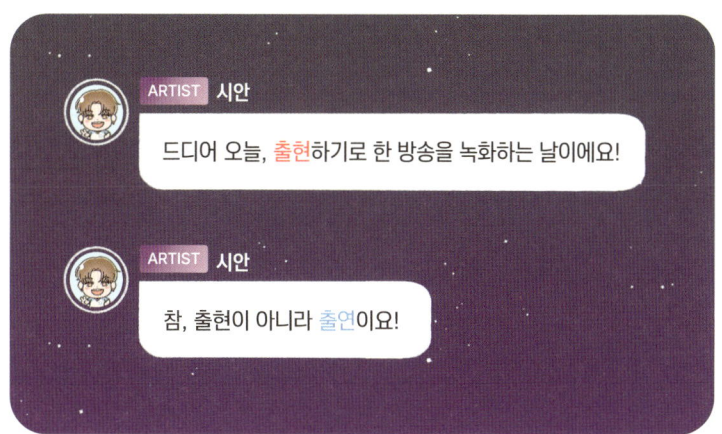

시안이는 출연을 출현이라고 잘못 적어 보낸 것을 알아차리고 얼른 메시지를 고쳐서 다시 보냈다.

"아직도 가끔 헷갈리네."

"괜찮아. 그래도 예전보다 훨씬 좋아졌잖아!"

제민이가 격려해 주었다.

시안이는 뿌듯한 마음으로 녹화에 들어갔다.

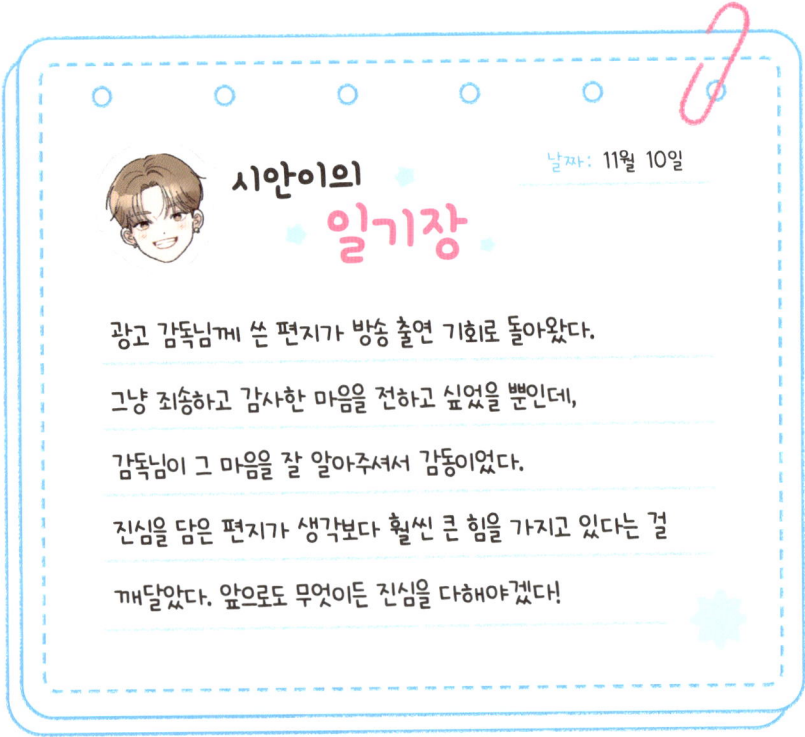

채원이가 알려주는 오늘의 맞춤법

시안이가 출연을 출현으로 잘못 써서 고쳐야 했듯이, 발음이 같거나 비슷하지만 뜻이 전혀 다른 한자어들이 많아요. 이번에는 자주 헷갈리는 한자어들을 함께 살펴보아요.

⭐ 출연 vs 출현

* 출연 (出 날 출 演 펼 연): 방송이나 영화, 공연에 나오는 것
  → 어린이 드라마에 특별 출연하기로 했어.

* 출현 (出 날 출 現 나타날 현): 갑자기 나타나는 것
  → 숲속에서 토끼가 갑자기 출현했어.

⭐ 입장 vs 입장

* 입장 (入 들 입 場 마당 장): 어떤 곳에 들어가는 것
  → 영화관에 입장하려면 표가 필요해.

* 입장 (立 설 입 場 마당 장): 어떤 상황에서 자신이 처한 상황이나 그에 관한 생각
  → 엄마 입장에서는 우리가 걱정될 거야.

⭐ 경기 vs 경기

* 경기 (競 다툴 경 技 재주 기): 스포츠나 게임에서 실력을 겨루는 것
  → 내일 우리 학교 축구팀의 경기가 있어.

* 경기 (景 볕 경 氣 기운 기): 경제가 좋고 나쁜 상황
  → 경기가 좋으면 사람들이 물건을 많이 산다고 했어.

⭐ 중식 vs 중식

* 중식 (中 가운데 중 食 밥 식): 점심에 끼니로 먹는 밥
  → 오늘 중식 메뉴는 비빔밥이래!

* 중식 (中 가운데 중 食 밥 식): 중국 음식
  → 오랜만에 짜장면이 먹고 싶네. 중식 먹으러 가자.

글로원의 첫 콘서트가 열리는 기념적인 날이다. 채원이와 다빈이는 입장하기 세 시간 전부터 만나 수다를 떨고 있었다.

"우리 마음이 닿아 입을 맞추고~ 결국 너와 나는 하나가 돼~."

글로원의 신곡 '입을 맞추다'를 함께 불러 보기도 했다.

"어떤 콘셉트로 무대를 채울까? 벌써부터 궁금해."

"나도! 빨리 들어가고 싶다."

드디어 입장 시간이 되었다. 두 사람은 설레는 마음으로 콘서트장 안으로 들어갔다. 자리에 앉은 채원이와 다빈이는 응원봉을 흔들며, 얼른 공연이 시작되길 기대했다.

곧 조명이 어두워지며 콘서트가 시작되었다.

"글로벌! 글로윈! 세계로! 나아가!"

시루떡의 구호와 함께 글로윈이 화려한 조명을 받으며 무대로 올라왔다.

첫 곡부터 마지막 곡까지, 글로윈의 무대는 완벽했다. 채원이와 다빈이는 목이 터져라 응원했다.

어느덧 콘서트가 끝날 시간이 다가왔다.

"저희 첫 콘서트를 함께해 줘서 너무 행복했어요!"

"오늘 정말 고마웠어요!"

멤버들이 인사를 하고 무대를 떠나려 하자 모두가 한목소리로 외쳤다.

"**앵콜**! 앵콜! 앵콜!"

하지만 글로윈 멤버들은 무대 뒤편으로 그냥 들어가 버렸다. 시루떡은 어리둥절했다.

"왜 안 나오지?"

"설마 정말 끝인 거야?"

몇 분이 지나도 글로윈은 나오지 않았다. 그때 채원이와 다빈이가 입을 모아 외쳤다.

"**앙코르**! 앙코르!"

다른 팬들도 함께 앙코르를 외치자, 무대의 조명이 켜지고 히로토가 나타났다.

"바로 이거죠, 시루떡 여러분!"

이어서 나머지 멤버들도 무대로 올라왔다. 시안이는 웃으며 관객들에게 설명했다.

"앙코르는 프랑스어로 '다시 한번'이라는 뜻이에요. 다른 나라 말에서 들어와 우리말이 된 외래어죠."

루현이가 설명을 덧붙였다.

"앵콜은 잘못된 표기랍니다. 앙코르가 정확한 표기예요. 여러분이 앙코르라고 불러 준 덕분에 저희가 다시 나올 수 있었어요!"

"우리 시루떡들이 정확히 외쳐 줘서 고마워요!"

유성이도 환하게 웃었다.

팬들은 박수를 치며 환호했다.

"그럼 이제 진짜 마지막 무대 시작할게요!"

제민이의 기타 연주와 함께 앙코르 무대가 시작됐다. 글로윈과 시루떡의 목소리가 하나가 되어 콘서트장을 가득 채웠다.

글로윈의 첫 콘서트는 성공적으로 막을 내렸다.

공연이 끝나고 콘서트장 밖으로 나온 채원이와 다빈이는 흥분이 쉽게 가라앉지 않았다.

"춤과 노래, 모든 게 다 완벽했어!"

"그뿐이야? 앙코르 설명할 때도 정말 멋있었어!"

"만약 글로윈 오빠들이 맞춤법 때문에 무너졌으면 내 세상도 같이 무너졌을 거야."

"내 말이. 그런데 요즘 글로다이가 너무 조용하지 않아?"

"에잇, 오빠들이 다 해결됐다고 했잖아. 좋은 날, 불안한 생각은 노노!"

채원이와 다빈이는 글로윈의 노래를 흥얼거리며 지하철역으로 향했다.

채원이가 알려주는 오늘의 맞춤법

시루떡이 앵콜이라고 외쳤을 때는 무대가 이어지지 않았지만,
앙코르라고 하니 마지막 무대가 시작됐어요.
이렇게 일상에서 가장 많이 틀리는 외래어의 한글 표기를 살펴봐요.

⭐ **플래카드 placard** - 틀린 표기 : 플랜카드

광고 문구를 적어 높이 들거나 매달아 놓은 표지물
→ 직접 만든 응원 플래카드를 들고 공연장에 갔어.

⭐ **콘셉트 concept** - 틀린 표기 : 컨셉

어떤 작품이나 제품, 공연에서 전달하고자 하는 생각
→ 이번 앨범의 콘셉트는 우주여행이래.

⭐ **액세서리 accessory** - 틀린 표기 : 악세사리

반지, 귀걸이, 목걸이처럼 복장을 꾸미는 데 쓰는 물건
→ 이 액세서리가 내 옷과 잘 어울려 보여?

⭐ **애드리브 ad-lib** - 틀린 표기 : 애드립

연극이나 방송에서 출연자가 대본에 없는 말을 즉흥으로 하는 일
→ 배우가 애드리브로 웃긴 대사를 넣어서 관객들이 웃었어.

⭐ **메시지 message** - 틀린 표기 : 메세지

누군가에게 전하고 싶은 말
→ 엄마에게 집에 늦게 도착한다고 메시지를 보냈어.

⭐ **애플리케이션 application** - 틀린 표기 : 어플리케이션

스마트폰에서 쓰는 프로그램
→ 유튜브 애플리케이션을 열어서 동영상을 봤어.

4화
글로벌 스타 완성!
한자어와 외래어

위기를
기회로!
전화위복

　히로토의 예상이 맞았다. '글로다이'는 경쟁 회사의 아이돌 멤버 중 한 명이었다. 글로윈 데뷔 오디션 때 최종 선발에서 아쉽게 떨어진 연습생 동기였다.
　글로다이의 정체는 밝혀졌지만 글로윈을 향한 맞춤법 논란은 여전했다. 그래서 글로윈 소속사는 위기를 기회로 바꾸기 위해 두 번째 이벤트를 준비했다.
　〈글로윈 VS 글로다이〉 관용 표현 대결!
　다행히 글로다이의 소속사도 논란을 잠재울 기회라 생

각해 이벤트를 받아들였다. 대결은 라이브 방송을 통해 전 세계 어디서나, 누구든 볼 수 있었다. 시루떡은 한마음 한뜻으로 글로윈을 응원했다.

글로윈 멤버들 중 누가 대결에 나갈까 고민이 많았지만 결국 시안이가 나가기로 했다.

"이번 기회에 실수를 만회할 거야. 얼마나 성장했는지 시루떡에게 보여 주고 싶어."

대결 당일, 수많은 사람들이 라이브 방송에 접속했다.

공정성을 위해 시안이와 글로다이는 한글을 만든 세종 대왕과 한글을 지킨 주시경 가면을 나눠 썼다. 목소리도 변조해 누가 누군지 전혀 알 수 없었다.

대결은 화면에 뜬 문제를 보고 정답을 아는 사람이 먼저 이름과 답을 외치는 방식으로 진행됐다.

"첫 번째 문제, 아래 속담은 무슨 뜻일까요?"

호랑이 굴에 들어가야 호랑이를 잡는다.

"세종대왕! **위험을 무릅써야 원하는 걸 얻는다**는 뜻이죠!"

세종대왕이 먼저 정답을 맞혔다.

"두 번째 문제, 이 속담은 무슨 뜻일까요?"

> ### 실패는 성공의 어머니

"주시경! 실패를 극복하면서 성장하고 성공할 수 있다는 뜻입니다!"

이번에는 주시경이 정답을 맞혔다.

"세 번째 문제, 이 사자성어는 어떤 의미일까요?"

> ### 금의환향
> 錦 비단 금　衣 옷 의　還 돌아올 환　鄕 시골 향

"세종대왕! 비단옷을 입고 고향에 돌아온다는 뜻입니다. 큰 성공을 거두고 고향 사람들에게 기쁨을 안긴다는 의미죠."

세종대왕이 또 정답을 맞혔다. 세종대왕은 날개를 단 듯 마지막 문제까지 술술 풀어나갔다.

팡파레가 울리며 결과가 발표되었다.

예상한 대로 세종대왕 가면이 승리했다.

이제 가면을 벗을 시간이었다. 글로윈 멤버들과 시루떡은 숨을 죽이고 지켜봤다.

"제발…… 제발!"

채원이와 다빈이는 두 손을 꼭 맞잡고 화면을 바라봤다.

마침내 가면이 벗겨지고 시안이의 얼굴이 나타났다.

채원이와 다빈이는 벌떡 일어나 만세를 불렀다. 아마 전국 각지, 세계 곳곳에서도 만세 소리가 터져 나왔을 것이다.

"글로윈의 시안입니다. 오늘 대결은 글로윈에게 **전화위복**이 되었습니다. 위기를 기회로 삼아 앞으로 더 나은 모습을 보여 드리겠습니다."

시안이는 환하게 웃으며 브이를 했다.

"흐엉~ 우리 형 너무 멋있잖아!"

글로윈 멤버들은 시안이에게 힘껏 박수를 보냈다.

채원이가 알려주는 오늘의 표현

글로다이와의 대결은 글로윈에게 전화위복이 되었어요.
이번에는 성공과 관련된 다양한 표현을 알아볼까요?

★ 공든 탑이 무너지랴
힘을 다하고 정성을 다하여 한 일은 그 결과가 헛되지 않는 법이다.
→ 공든 탑이 무너지랴, 공부하느라 힘들었지만 좋은 점수를 받아서 기뻐!

★ 하늘은 스스로 돕는 자를 돕는다
자기 힘으로 노력하는 사람에게 행운이 따라온다.
→ 포기하지 않고 끝까지 달렸더니 2등 했어. 하늘은 스스로 돕는 자를 돕는다니까!

★ 날개를 달다
더욱 힘을 얻어 빠르게 발전하다.
→ 선생님께 비법을 배우니까 피아노 실력에 날개를 단 것 같아.

★ 꽃을 피우다
노력한 결과를 훌륭하게 이루다.
→ 발표회에서 그동안 연습한 노래로 꽃을 피웠어.

★ 일취월장 (日 날 일 就 나아갈 취 月 달 월 將 장수 장)
날마다 달마다 계속 발전함
→ 매일 줄넘기 연습하니까 실력이 일취월장했어.

★ 대기만성 (大 클 대 器 그릇 기 晩 늦을 만 成 이룰 성)
크게 될 사람은 늦게 이루어짐
→ 할아버지는 60세에 그림을 시작해서 지금은 유명한 화가가 되셨어. 대기만성이야!

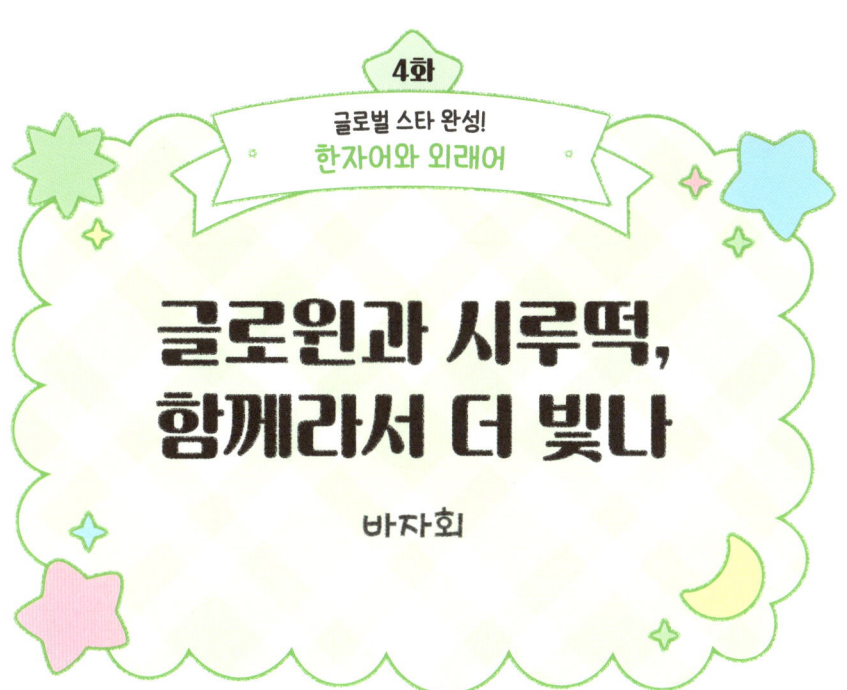

글로원은 시루떡과 함께할 수 있는 특별한 시간을 만들고자 바자회를 열었다. 바자회 테이블 위에는 멤버들의 물건이 가지런히 놓여 있었다.

"바자회는 좋은 일을 위해 열리는 특별한 시장이라는 뜻이에요. 페르시아어에서 온 외래어랍니다. 그런 의미에서 지금부터 외래어 퀴즈 이벤트를 시작할게요. 퀴즈를 맞히는 분께는 각 멤버들의 애장품을 선물로 드립니다!"

시안의 말에 모두가 환호성을 질렀다.

"첫 번째는 히토로의 퀴즈입니다! 다음 중 외래어를 찾아보세요!"

히로토가 퀴즈를 내자 시루떡들이 웅성거리며 열심히 생각했다. 그때 한 시루떡이 가장 먼저 손을 들었다.

"빵이요!"

"정답! 빵은 포르투갈어 '팡(pão)'에서 온 말이에요. 그리고 저의 애장품인 가방도 네덜란드어 '카바스(kabas)'에서 온 외래어랍니다."

정답을 맞힌 시루떡은 히로토의 가방을 선물로 받았다.

이어서 제민이와 유성이의 퀴즈에서도 시루떡들이 빠르게 정답을 맞혀 애장품을 받아 갔다.

"으아~ 벌써 세 개나 지나갔어!"

채원이와 다빈이는 마음이 조급해져 발을 동동거렸다.

"네 번째, 루현이의 퀴즈입니다. 다음 중 올바른 외래어 표기는 무엇일까요?"

　루현이가 퀴즈를 내자 다빈이가 가장 먼저 큰 소리로 외쳤다.

　"정답! 소파요!"

　드디어 다빈이가 정답을 맞혔다. 루현이는 환하게 웃으며 아끼던 목걸이를 다빈이에게 선물했다. 다빈이는 목걸이를 받자마자 목에 걸었다.

　"킥킥, 나 어때? 예쁘지?"

　"히잉, 부러워."

　채원이는 시안이의 퀴즈만큼은 꼭 맞히리라 다짐했다.

　"벌써 마지막 퀴즈네요. 이 중 외래어를 골라 주세요!"

　"저요, 저요, 저요!"

　시안이의 애장품을 노리던 한 시루떡이 채원이보다 빠

르게 손을 들었다.

"정답은 도… 마……?"

"아쉽게도 정답이 아니에요."

채원이가 이 기회를 놓치지 않고 재빨리 손을 들었다.

"정답은 냄비! 일본어 '나베(nabe)'에서 온 말이에요!"

"정답이에요! 축하합니다!"

채원이는 시안이에게서 뿔테 안경을 받자마자 곧바로 코에 걸쳤다. 시안이 오빠의 선물이라니, 날아갈 듯 기뻤다.

"마지막 문제를 맞힌 시루떡에게는 특별한 선물도 있는데요, 바로 해남에서 올라온 고구마 한 박스예요!"

시안이가 테이블 뒤에 놓인 커다란 상자를 들어올렸다. 상자 안에는 땅끝마을 해남에서 시안이의 부모님이 직접 기른 고구마가 들어 있었다.

채원이는 감동해서 눈물이 그렁그렁 맺힌 채 고구마 박스를 꼭 껴안았다.

채원이와 시안이의 눈이 마주쳤다. 시안이는 따뜻하게 미소 지었고, 채원이는 설레는 눈빛으로 시안이를 바라보았다. 마치 고구마처럼 달콤한 순간이었다.

채원이가 알려주는 오늘의 맞춤법

바자회에서 외래어 퀴즈를 맞히고 시안이의 애장품을 받았어요!
마지막으로 외국에서 들어왔지만 한국어처럼 널리 쓰이는 외래어들을 알아볼까요?

⭐ **피망** - 프랑스어 '피마(piment)'
프랑스어로 '고추'을 뜻하는데,
우리나라에서는 단맛이 나는 고추의 한 종류만 피망이라고 부른다.

⭐ **자몽** - 포르투갈어 '잠보아(zamboa)'
포르투갈에서 일본을 거쳐 우리나라에 온 이름이며,
'그레이트푸르트'라고도 부른다.

⭐ **시소** - 영어 '씨쏘(seesaw)'
'보다'라는 의미의 'see'와 '봤다'라는 의미의 'saw'가 합쳐진 말로,
놀이 기구의 동작에서 유래한 이름이다.

⭐ **고무** - 프랑스어 '곰므(gomme)'
네덜란드에서 일본을 거쳐 우리나라에 온 이름이다.
고무나무에서 나오는 끈적끈적한 수액을 굳혀 사용하던 것에서 유래됐다.

⭐ **망토** - 라틴어 '만텔룸(mantellum)'
어깨에 걸쳐 입는 소매가 없는 긴 겉옷을 가리키는 말이다.

⭐ **해먹** - 영어 '해먹(hammock)'
아메리카 대륙의 원주민이 만든 그물 침대인
'하마카(hamaka)'에서 비롯된 말이다.

⭐ **비닐** - 영어 '바이늘(vinyl)'
플라스틱의 한 종류로, 비닐봉지 같은 포장재를 가리키는 말로 널리 사용된다.

도전! 맞춤법 엔딩 요정

1. 다음 중 바르게 쓴 문장을 찾아 보세요.

    ① 방송 프로그램에 출현하고 인기가 많아졌어요.
    ② 예지와 저는 제작년에 같은 반이었어요.
    ③ 의사 선생님이 곧바로 응급조취를 했어요.
    ④ 학급 뮤지컬에서 처음으로 주인공 역할을 맡았어요.

2. 뜻과 맞는 표현을 찾아서 연결해 보세요.

    ① 자기 힘으로 노력하는 사람에게 행운이 따라오다.   ㉠ 날개를 달다.

    ② 크게 될 사람은 늦게 이루어짐   ㉡ 일취월장

    ③ 힘을 다하고 정성을 다하여 한 일은 그 결과가 헛되지 않는 법이다.   ㉢ 하늘은 스스로 돕는 자를 돕는다.

    ④ 날마다 달마다 계속 발전함   ㉣ 대기만성

    ⑤ 더욱 힘을 얻어 빠르게 발전하다.   ㉤ 공든 탑이 무너지랴.

3. 채원이와 다빈이가 나누는 이야기를 읽고, 알맞은 말을 골라 빈칸을 채워 보세요.

다빈: 시안 오빠가 준 액세서리 / 악세사리를 보면 아직도 심장이 쿵쾅거려.

채원: 오늘 바자회 컨셉 / 콘셉트가 좋았어. 외래어 퀴즈라니 글로벌 스타가 될 글로윈에게도 의미 있는 이벤트잖아.

다빈: 인정! 참, 오빠들이 중간중간 어색하게 던진 애드리브 / 애드립도 진짜 웃기고 귀여웠어.

채원: 아~ 오늘 다녀온 거 누구한테든 메시지 / 메세지 보내서 자랑하고 싶다!

다빈: 그럼 팬클럽 어플리케이션 / 애플리케이션에 선물 사진 올려서 같이 자랑하자!

글로벌 이슈

빌보드까지 접수한 '글로윈' 케이팝 사상 초유의 기록 경신!

글로윈은 데뷔 1년 만에 모든 음원 차트를 석권했다.

글로윈을 항상 사랑해 주셔서 감사합니다.

우리 오빠들 얼마나 고생했다고!

빌보드 기록까지 세운 글로윈은 한글의 아름다움을 전 세계에 알리기 위해 새 노래의 가사도 직접 썼다.

아, 몇일이 아니라 며칠이던가?

유성이는 아직 멀었네~.

벌써 까먹었어?

맞춤법의 달인이 이러면 안 되지!

우리 공부 다시 시작할까?

도전! 맞춤법 엔딩요정 정답

44-45p | 1.- ② / 2. - ①→ⓒ, ②→ⓒ, ③→⊙ / 3. - 이따가, 설거지 / 4. - 며칠, 헛소문, 어떻게, 벚꽃, 안

76-77p | 1.- 마치다, 맞추다, 가리키다, 맞히다, 가르치다 / 2. - ①→ⓒ, ②→ⓒ, ③→⊙ / 3. - 얼른, 창피, 곰곰이, 돼, 꼼꼼히

104-105p | 1.- ① / 2. - ①→ⓒ, ②→ⓒ, ③→⊙ / 3. - 웬일로, 왠지 / 4. - 부수어, 빌려, 뭐든지, 다려, 부시도록

136-137p | 1. - ④ / 2. - ①→ⓒ, ②→ⓔ, ③→ⓜ, ④→ⓒ, ⑤→⊙ / 3. - 액세서리, 콘셉트, 애드리브, 메시지, 애플리케이션

맞춤법만 지켰는데 최강 아이돌이 됨

글 류미정 | **그림** 미이 | **감수** 강용철

1판 1쇄 인쇄 2025년 11월 7일
1판 1쇄 발행 2025년 11월 19일

펴낸이 김영곤
프로젝트1팀장 이명선 **기획** 채현지
프로젝트1팀 김현정 권정화 우경진 오지애 최지현
디자인 김단아
영업팀 정지은 한충희 장철용 남정한 강경남 황성진 김도연 이민재
제작팀 이영민 권경민

펴낸곳 (주)북이십일 아울북
출판등록 제406-2003-061호
주소 (우 10881) 경기도 파주시 회동길 201(문발동)
전화 031-955-2145(기획개발) | 031-955-2100(마케팅·영업·독자문의)
팩시밀리 031-955-2177
홈페이지 www.book21.co.kr

ISBN 979-11-7357-635-5 (73700)

Copyright ⓒ2025 by Book21 아울북
이 책을 무단 복사·복제·전재하는 것은 저작권법에 저촉됩니다.

· 잘못 만들어진 책은 구입하신 서점에서 교환해드립니다.
· 가격은 책 뒤표지에 있습니다.

다양한 SNS 채널에서
아울북과 올파소의
더 많은 이야기를 만나세요.

인스타그램
@owlbook21

유튜브
@아울북&올파소

· 제조자명 : (주)북이십일
· 주소 및 전화번호 : 경기도 파주시 문발동 회동길 201(문발동) / 031-955-2100
· 제조년월 : 2025.11
· 제조국명 : 대한민국
· 사용연령 : 3세 이상 어린이 제품

아이돌 스테이씨가 준비한 스윗한 꿈 이야기
말 못 할 고민으로 잠 못 드는 친구들, 여기 모여라!

기획 스테이씨 | 글 윤윤 | 그림 맥시 | 140p | 19,000원

★ 스테이씨가 전해 주는 따뜻한 메시지 ★
★ 눈앞에 펼쳐지는 몽글몽글한 잠의 세계 ★
★ 우정, 사랑 그리고 꿈에 대한 고민 상담 ★

교보문고, 예스24, 알라딘, 쿠팡 등 온라인 서점 및 전국 오프라인 서점에서 만나 보세요!

아울북